水行政执法人员培训系列丛书

《中华人民共和国水法》《中华人民共和国防洪法》常用条文解析

主　编　齐洪海　程好进

副主编　王燎原　刘中利　杨　磊

黄河水利出版社

·郑州·

图书在版编目（CIP）数据

《中华人民共和国水法》《中华人民共和国防洪法》常用条文解析 / 齐洪海，程好进主编. -- 郑州 : 黄河水利出版社，2025. 1. --（水行政执法人员培训系列丛书）. -- ISBN 978-7-5509-4090-1

Ⅰ. D922.665

中国国家版本馆CIP数据核字第2025D01E62号

策划编辑：母建茹　电话：0371-66025355　Email：273261852@qq.com

责任编辑　王燕燕　　　　　责任校对　陈彦霞

封面设计　黄瑞宁　　　　　责任监制　常红昕

出版发行　黄河水利出版社

地址：河南省郑州市顺河路49号　邮政编码：450003

网址：www.yrcp.com　Email：hhslcbs@126.com

发行部电话：0371-66020550

承印单位　河南博之雅印务有限公司

开　　本　787 mm × 1092 mm　1/16

印　　张　11

字　　数　228千字

版次印次　2025年1月第1版　　2025年1月第1次印刷

定　　价　78.00元

前 言

2019年以来，习近平总书记先后多次视察黄河，并在河南省郑州市、山东省济南市分别主持召开了“黄河流域生态保护和高质量发展”座谈会和“深入推动黄河流域生态保护和高质量发展”座谈会，提出“共同抓好大保护，协同推进大治理”的战略要求，发出“让黄河成为造福人民的幸福河”的伟大号召，强调“要科学分析当前黄河流域生态保护和高质量发展形势，把握好推动黄河流域生态保护和高质量发展的重大问题，咬定目标、脚踏实地，埋头苦干、久久为功，确保‘十四五’时期黄河流域生态保护和高质量发展取得明显成效，为黄河永远造福中华民族而不懈奋斗。”

为加强黄河流域生态保护，黄河水利委员会按照水利部的部署，先后开展了河湖执法三年攻坚战、河湖“清四乱”、陈年积案“清零”等专项执法行动，严厉查处了一大批破坏流域生态的水事违法案件，为黄河保护治理提供了强力法治支撑。为进一步增强黄河水利委员会各级水政监察人员推动重大国家战略的责任感、使命感，按照司法部行政执法人员培训标准化体系建设要求，推进水政监察队伍专业化、职业化、规范化建设，结合多年来的执法实践，选择《中华人民共和国水法》、《中华人民共和国防洪法》日常执法中运用频率高的法律条文，按照管理体制、规划、河道和水工程保护等进行筛选分类整理。以全国人民代表大会常务委员会法制工作委员会编写的释义为蓝本，整理选择条文释义，结合执法实践进行修改完善，收集与选择条文相关联的其他涉水法律法规条文，并编写了与选择条文相对应的典型案例。进一步明晰法律法规规定的执法事项，促进各级水行政管理职能转变，强化水行政执法准确度，促进各级水行政执法人员切实履行执法职责，严格规范公正执法，把该管的执法事项管好、管到位，形成执法边界清晰、分工合理、权责一致、运行高效的黄河水行政执法体系。

本书编写过程中，在水利部政策法规司指导下，委属有关单位给予了大力支持，黄河水利委员会政策法规局原二级巡视员沈平伟同志做了大量的指导工作，在此表示感谢。本书由齐洪海、程好进担任主编，王燎原、刘中利、杨磊担任副主编。参加编写的还有王洪旗、潘东撑、刘金友、任顺平、李鹏、田雨可、许壮、马小芳、程迎莹等。

由于《中华人民共和国水法》《中华人民共和国防洪法》历经多次修改，参照全国人民代表大会常务委员会法制工作委员会在发布初期编写的释义，肯定会有与时代发展不相适应的地方，加之时间仓促和水平有限，疏漏和错误之处在所难免，敬请批评斧正。

编 者

2024年12月

目 录

上 篇 《中华人民共和国水法》常用条文解析

第一章 总 则......003
第一节 取水许可制度和有偿使用制度......003
第二节 水资源管理体制......007
第二章 水资源规划......011
第一节 水资源规划之间和水资源规划与有关规划之间关系......011
第二节 开发、利用、节约、保护水资源和防治水害的各类规划的编制和审批权限......012
第三节 建设水工程的审批程序和批准权限......015
第三章 水资源开发利用......020
第一节 引水、截（蓄）水、排水产生的相邻关系......020
第四章 水资源、水域和水工程的保护......023
第一节 禁止在饮用水水源保护区内设置排污口和其他入河排污口设置审批制度......023
第二节 妨碍河道行洪活动的禁止性规定......027
第三节 对河道管理范围内建设活动管理的规定......032
第四节 对河道采砂管理的规定......038
第五节 对围垦河道、湖泊的限制性规定......044
第六节 单位和个人保护水工程设施的义务......049
第七节 划定水工程管理和保护范围......053
第五章 水资源配置和节约使用......060
第一节 制定年度水量分配方案和调度计划......060
第二节 实施取水许可制度和水资源有偿使用制度的范围和对象......065
第三节 节水设施与主体工程之间“三同时”制度和供水设施的维护管理......070
第六章 水事纠纷处理与执法监督检查......073
第一节 不同行政区域间水事纠纷处理程序......073

第二节　单位之间、个人之间、单位与个人之间发生的水事纠纷处理程序 082
第三节　执法监督检查职责 083

下　篇　《中华人民共和国防洪法》常用条文解析

第一章　总　则 087
第一节　防洪工程设施建设应纳入计划及防洪费用筹集原则 087
第二节　防洪工作基本管理制度 088
第三节　单位和个人都有保护防洪工程设施以及参加防汛抗洪的义务 089
第四节　各级人民政府在防洪工作中的基本职责 091
第五节　防洪工作管理体制 093
第二章　防洪规划 096
第一节　防洪规划的定义、种类、作用及各类防洪规划之间的关系 096
第二节　防洪规划的编制机关及制定和修改防洪规划的审批权限 097
第三节　防洪规划保留区的范围、审批权限及保护措施 100
第四节　建设防洪工程和其他水工程、水电站应当符合防洪规划要求的规定 ..103
第三章　治理与保护 106
第一节　防治江河洪水的方法、策略 106
第二节　整治河道和修建控制引导河水流向、保护堤岸等工程以及规划治导线 107
第三节　整治河道与航运、竹木流放、渔业发展等事业之间关系 110
第四节　河道、湖泊管理体制和河道、湖泊管理范围划定 112
第五节　禁止在河道、湖泊管理范围内进行某些有碍河道行洪、输水活动的规定 115
第六节　关于禁止围湖造地、围垦河流的规定 121
第七节　关于处理壅水、阻水工程设施的规定 124
第八节　建设工程设施应当符合防洪要求及河道内建设项目审批制度 125
第九节　关于水行政主管部门有权对河道内建设进行监督检查的规定 129
第四章　防洪区和防洪工程设施的管理 131
第一节　在洪泛区、蓄滞洪区内非防洪建设项目的洪水影响评价制度 131
第二节　防洪重点保护对象及保护要求 134
第三节　防洪工程设施管理和保护 135
第四节　关于保护防洪工程、设施和材料的规定 138

第五章　防汛抗洪 143
第一节　防汛抗洪工作的责任制度和职责分工 143
第二节　防汛指挥机构的设置、组成及职责 145
第三节　防御洪水方案制定和地位 146
第四节　汛期、紧急防汛期规定 149
第五节　防汛指挥机构有关行政措施的授权 151
第六节　在防汛抗洪期间有关部门和单位、中国人民解放军、中国人民武装警察部队以及民兵的职责和任务 154
第七节　汛期水工程设施运用 156
第八节　紧急防汛期中，防汛指挥机构有权采取紧急应急措施 158
第九节　启用蓄滞洪区的权限 160
第六章　人民政府在救灾工作中的职责、水毁防洪工程的修复以及洪水保险的规定 163

上　篇
《中华人民共和国水法》常用条文解析

第一章 总 则

第一节 取水许可制度和有偿使用制度

一、《中华人民共和国水法》第七条

国家对水资源依法实行取水许可制度和有偿使用制度。但是，农村集体经济组织及其成员使用本集体经济组织的水塘、水库中的水的除外。国务院水行政主管部门负责全国取水许可制度和水资源有偿使用制度的组织实施。

二、释义

《中华人民共和国水法》（简称《水法》）第七条是关于国家对水资源实行取水许可制度和有偿使用制度的规定。

水是基础性的自然资源和战略性的经济资源，水资源属于国家所有。国家为了开发、利用和保护好水资源，实现水资源的可持续利用，使水资源更好地造福于全体国民，更好地支持经济社会的可持续发展，对水资源实行取水许可制度和有偿使用制度。对水资源依法实行取水许可制度和有偿使用制度，是使水资源管理体制和运行机制适应市场经济体制和加强政府宏观调控的需要。它有利于有效控制水的需求，缓解一些地区严重缺水的局面；有利于水资源利用方式由粗放型向集约型转变，促进节约用水，建立节水型社会；有利于国家对水资源宏观管理措施的落实，促进水资源的合理配置和可持续利用，以较小的水资源代价实现国民经济的持续增长。总之，对水资源依法实行取水许可制度和有偿使用制度符合我国的国情和建立市场经济体制的需要。本条规定为进一步健全完善和实行这两项制度提供了法律依据。

国家对水资源依法实行取水许可制度。2006 年国务院颁布了《取水许可和水资源费征收管理条例》，水利部于 2008 年颁布了《取水许可管理办法》等部门规章。取水许可制度的实施使水资源开发利用逐步纳入了法治轨道，促进了水资源的保护、节约和优化配置，加强了水资源的统一管理。为了依法保障取水许可制度的实施，《水法》还在法律责任一章中对违反取水许可制度，未经批准擅自取水和未依照批准的取水许可规定条件取水的行为规定了相应的行政处罚。

国家对水资源依法实行有偿使用制度。水资源有偿使用制度，是指国家以水资源

所有者和管理者的双重身份，为实现所有者权益，保障水资源的可持续利用，向取用水资源的单位和个人收取水资源使用费的制度。由于水资源在人们生活和生产过程中，在保障经济社会可持续发展中具有使用价值和不可替代性，使其同时也具有了价值。因此，国家所有即全民所有的水资源也需要有一定的实现方式，以提高水资源的利用效率，促进水资源的合理开发利用，更好地满足全社会、各方面对水资源日益增长的需求。征收水资源费工作的开展为全面实行水资源有偿使用制度取得实践经验打下了一些基础。2016 年 5 月 9 日，财政部、国家税务总局、水利部印发《水资源税改革试点暂行办法》，明确自 2016 年 7 月 1 日起在河北省实施水资源税改革试点。2017 年 11 月 24 日，财政部、国家税务总局、水利部印发《扩大水资源税改革试点实施办法》，明确自 2017 年 12 月 1 日起在北京、天津、山西、内蒙古、山东、河南、四川、陕西、宁夏等 9 省（自治区、直辖市）扩大水资源税改革试点。《水法》为了健全完善我国的水资源权属法律制度，建立取水权法律规范，将实施取水许可和收取水资源费两项制度紧密相连，明确规定除家庭生活和零星散养、圈养畜禽饮用等少量取水的以外，直接从江河、湖泊或者地下取用水资源的单位和个人，应当按照国家取水许可制度和水资源有偿使用制度的规定，向水行政主管部门或者流域管理机构申请领取取水许可证，并缴纳水资源费，取得取水权，即将取得取水许可证和缴纳水资源费作为取得取水权的前提条件。这就为进一步健全完善我国的水资源权属法律制度和取水许可、水资源有偿使用制度提供了法律依据，为在国家宏观调控下进一步运用市场机制配置水资源奠定了法治基础。

农村集体经济组织及其成员使用本集体经济组织的水塘、水库中的水不实行取水许可制度和有偿使用制度。根据《中华人民共和国宪法》（简称《宪法》）和《水法》的规定，水资源属于国家所有。国家鼓励单位和个人依法开发、利用水资源，并保护其合法权益。我国是一个农业大国，农业是国民经济的基础，而水利又是农业的命脉，为了保持我国水资源归属和开发利用法律制度的稳定性和延续性，调动农村集体经济组织和农民兴修农田水利设施的积极性，《水法》除在第三条规定农村集体经济组织的水塘和由农村集体经济组织修建管理的水库中的水，归各该农村集体经济组织使用外，又在第七条进一步明确规定，农村集体经济组织及其成员使用本集体经济组织的水塘、水库中的水不实行取水许可制度和有偿使用制度，以切实保护农村集体经济组织和农民已有的用水权益，避免增加农民在农业用水上的负担，促进农业和农村经济的持续、稳定、健康发展。

国务院水行政主管部门负责全国取水许可制度和水资源有偿使用制度的组织实施。根据《水法》规定，国务院水行政主管部门负责全国水资源的统一管理和监督工作。取水许可制度和水资源有偿使用制度是统一管理水资源的基本制度，因此第七条明确授权由国务院水行政主管部门负责全国取水许可制度和水资源有偿使用制度的组织实施。此外，《水法》还授权国务院制定实施取水许可制度和征收管理水资源费的具体办法。国务院水行政主管部门应当按照《水法》和国务院有关行政法规具体组织实施取水许可制度和水资源有偿使用制度，以实现水资源的可持续利用、支持经济社会的可持续发展的目标。

三、相关法规规章、规范性文件

（一）《取水许可和水资源费征收管理条例》（2006年发布，2017年修订）

第三条 县级以上人民政府水行政主管部门按照分级管理权限，负责取水许可制度的组织实施和监督管理。

国务院水行政主管部门在国家确定的重要江河、湖泊设立的流域管理机构（以下简称流域管理机构），依照本条例规定和国务院水行政主管部门授权，负责所管辖范围内取水许可制度的组织实施和监督管理。

县级以上人民政府水行政主管部门、财政部门和价格主管部门依照本条例规定和管理权限，负责水资源费的征收、管理和监督。

第四条 下列情形不需要申请领取取水许可证：

（一）农村集体经济组织及其成员使用本集体经济组织的水塘、水库中的水的；

（二）家庭生活和零星散养、圈养畜禽饮用等少量取水的；

（三）为保障矿井等地下工程施工安全和生产安全必须进行临时应急取（排）水的；

（四）为消除对公共安全或者公共利益的危害临时应急取水的；

（五）为农业抗旱和维护生态与环境必须临时应急取水的。

前款第（二）项规定的少量取水的限额，由省、自治区、直辖市人民政府规定；第（三）项、第（四）项规定的取水，应当及时报县级以上地方人民政府水行政主管部门或者流域管理机构备案；第（五）项规定的取水，应当经县级以上人民政府水行政主管部门或者流域管理机构同意。

第三十一条 水资源费由取水审批机关负责征收；其中，流域管理机构审批的，水资源费由取水口所在地省、自治区、直辖市人民政府水行政主管部门代为征收。

（二）《取水许可管理办法》（2008年发布，2017年修正）

第三条 水利部负责全国取水许可制度的组织实施和监督管理。

水利部所属流域管理机构（以下简称流域管理机构），依照法律法规和水利部规定的管理权限，负责所管辖范围内取水许可制度的组织实施和监督管理。

县级以上地方人民政府水行政主管部门按照省、自治区、直辖市人民政府规定的分级管理权限，负责本行政区域内取水许可制度的组织实施和监督管理。

（三）水利部关于公布黄河水利委员会在黄河干流及跨省重要支流取水许可管理权限的通知（水资管〔2024〕73号，2024年发布）

黄河流域各省（自治区）水利厅、黄河水利委员会：

为贯彻落实《中华人民共和国黄河保护法》，加强黄河流域水资源统一管理，推进水资源节约集约利用，促进黄河流域生态保护和高质量发展，经研究，我部确定了黄河水利委员会在黄河干流及跨省重要支流指定河段的取水许可管理权限，现将有关事项公布如下。

一、黄河干流全额取水，由黄河水利委员会负责审批取水申请，取水包括取地表水以及在河道管理范围内取地下水。

二、黄河跨省重要支流指定河段限额以上取水，由黄河水利委员会负责审批取水申请，取水包括取地表水以及在河道管理范围内取地下水。

（一）黄河跨省重要支流指定河段：大通河干流、洮河干流、祖厉河干流、清水河干流、皇甫川干流、窟野河干流、无定河干流、渭河干流及其支流泾河干流、伊洛河干流及其支流洛河干流、沁河干流。

（二）上述指定河段取水限额标准：

1. 大通河干流、洮河干流、渭河干流：地表水年取水量5000万立方米及以上的城镇生活、生态与工业取水，年取水量8000万立方米及以上的农业取水，以及年取水量20亿立方米及以上的水力发电取水；

2. 祖厉河干流、清水河干流、皇甫川干流：地表水年取水量1000万立方米及以上的城镇生活、生态与工业取水，年取水量1000万立方米及以上的农业取水，以及年取水量1亿立方米及以上的水力发电取水；

3. 窟野河干流、无定河干流：地表水年取水量1000万立方米及以上的城镇生活、生态与工业取水，年取水量1000万立方米及以上的农业取水，以及年取水量3亿立方米及以上的水力发电取水；

4. 泾河干流：地表水年取水量5000万立方米及以上的城镇生活、生态与工业取水，年取水量8000万立方米及以上的农业取水，以及年取水量10亿立方米及以上的水力发电取水；

5. 伊洛河干流、洛河干流：地表水年取水量5000万立方米及以上的城镇生活、生态与工业取水，年取水量6000万立方米及以上的农业取水，以及年取水量10亿立方米及以上的水力发电取水；

6. 沁河干流：地表水年取水量5000万立方米及以上的城镇生活、生态与工业取水，年取水量6000万立方米及以上的农业取水，以及年取水量3亿立方米及以上的水力发电取水。

7. 上述河段河道管理范围内地下水年取水量730万立方米及以上的取水。

三、自本通知印发之日起6个月内，黄河水利委员会应组织黄河流域内各省级水行政主管部门根据明确下来的取水许可管理权限，完成已纳入取水许可管理的建设项目相关材料的移交工作。

四、对于枯水年或干旱年等极端情况，黄河流域取水应按照《中华人民共和国水法》《中华人民共和国抗旱条例》《黄河水量调度条例》等法律法规的有关规定，服从黄河流域水资源统一调度。

五、本通知自印发之日起施行。《关于授予黄河水利委员会取水许可管理权限的通知》（1994年5月21日水利部水政资〔1994〕197号印发）同时废止。

水利部

2024年3月25日

黄河水利委员会在黄河跨省重要支流指定河段取水审批限额标准

跨省重要支流指定河	地表水年取水量			河道管理范围内地下水年取水量（万立方米）
	城镇生活、生态与工业（万立方米）	农业（万立方米）	水力发电（亿立方米）	
大通河干流	≥ 5000	≥ 8000	≥ 20	≥ 730
洮河干流	≥ 5000	≥ 8000	≥ 20	
祖厉河干流	≥ 1000	≥ 1000	≥ 1	
清水河干流	≥ 1000	≥ 1000	≥ 1	
皇甫川干流	≥ 1000	≥ 1000	≥ 1	
窟野河干流	≥ 1000	≥ 1000	≥ 3	
无定河干流	≥ 1000	≥ 1000	≥ 3	
渭河干流	≥ 5000	≥ 8000	≥ 20	
泾河干流	≥ 5000	≥ 8000	≥ 10	
伊洛河干流	≥ 5000	≥ 6000	≥ 10	
洛河干流	≥ 5000	≥ 6000	≥ 10	
沁河干流	≥ 5000	≥ 6000	≥ 3	

第二节　水资源管理体制

一、《水法》第十二条

国家对水资源实行流域管理与行政区域管理相结合的管理体制。

国务院水行政主管部门负责全国水资源的统一管理和监督工作。

国务院水行政主管部门在国家确定的重要江河、湖泊设立的流域管理机构（以下简称流域管理机构），在所管辖的范围内行使法律、行政法规规定的和国务院水行政主管部门授予的水资源管理和监督职责。

县级以上地方人民政府水行政主管部门按照规定的权限，负责本行政区域内水资源的统一管理和监督工作。

二、释义

《水法》第十二条是对我国水资源管理体制的规定。

水资源管理体制是国家管理水资源的组织体系和权限划分的基本制度，是合理开发、利用、节约和保护水资源以及防治水害，实现水资源可持续利用的组织保障。

国家对水资源实行流域管理与行政区域管理相结合的管理体制。水是人类赖以生存与经济社会发展不可替代的基础性资源，也是生态环境的基本要素。水资源与土地、森林、矿产等资源不同，它是一种动态的、可再生的资源。流域是一个以降水为渊源、水流为基础、河流为主线、分水岭为边界的特殊区域概念。水资源按照流域这种水文地质单元构成一个统一体，地表水与地下水相互转换，上下游、干支流、左右岸、水量水质之间相互关联，相互影响。这就要求对水资源只有按照流域进行开发、利用和管理，才能妥善处理上下游、左右岸等地区间、部门间的水事关系。水资源的另一特征是它的多功能性，水资源可以用来灌溉、航运、发电、供水、水产养殖等，并具有利害双重性。因此，水资源开发、利用和保护的各项活动需要在流域内实行统一规划、统筹兼顾、综合利用，才能兴利除害，发挥水资源的最大经济效益、社会效益和环境效益。目前，以流域为单元进行水资源的管理已经成为世界潮流。我国重要江河均是跨省区的流域，这一自然特点使得协调流域管理与行政区域管理的关系显得更为重要。

国务院水行政主管部门负责全国水资源的统一管理和监督工作。水资源统一管理的核心是水资源的权属管理。《水法》明确规定，水资源属于国家所有，水资源的所有权由国务院代表国家行使。为了实现全国水资源的统一管理和监督，国务院水行政主管部门应当制定全国水资源的战略规划，对水资源实行统一规划、统一配置、统一调度、统一实行取水许可制度和水资源有偿使用制度等。为了实现全国水资源的统一管理和监督，国务院水行政主管部门在国家确定的主要江河、湖泊设立流域管理机构，在所管辖的范围内行使法律、行政法规规定的和国务院水行政主管部门授予的水资源管理和监督职责。我国早在20世纪30年代就在主要江河设置了具有现代意义的流域管理机构，例如1935年设立的扬子江水利委员会、1933年设立的黄河水利委员会和1929年设立的导淮委员会等。新中国成立后，中央人民政府为了加强对大江大河的规划、治理和管理，在长江、黄河、淮河等流域成立了流域管理机构，其间机构几经变更。《水法》对流域管理机构在水资源监督管理方面的职责作了明确规定，具体包括：①水资源的动态监测和水功能区水质状况的监测。②国家确定的重要江河、湖泊以外的其他跨省、自治区、直辖市的江河、湖泊的流域综合规划和区域综合规划的编制。③在国家确定的重要江河、湖泊和跨省、自治区、直辖市的江河、湖泊上建设水工程的审查。④国家确定的重要江河、湖泊以外的其他跨省、自治区、直辖市的江河、湖泊的水功能区划。⑤管辖权限范围内的排污口设置审查。⑥管辖权限范围内的水工程保护。⑦跨省、自治区、直辖市的水量分配方案和旱情紧急情况下的水量调度预案的制订以及年度水量分配方案和调度计划的制订。⑧管辖权限范围内的取水许可证颁发和水资源费收取。⑨水事纠纷处理与执法监督检查等。

县级以上地方人民政府水行政主管部门依法负责本行政区域内水资源的统一管理工作。我国地域广阔，各地水资源状况和经济社会发展水平差异很大，实行流域管理和行政区域管理相结合的管理体制还必须紧密结合各地实际情况，充分发挥县级以上地方人民政府水行政主管部门依法管理本行政区域内水资源的积极性和主动性。《水法》规定的流域管理机构与县级以上地方人民政府水行政主管部门在水资源监督管理上的一些具体职责还将由国务院或者国务院水行政主管部门制定的配套行政法规或者政府规章进一步界定。按照《水法》的有关规定，借鉴国外流域管理的成功经验，从总体上说，流域管理机构在依法管理水资源的工作中应当突出宏观综合性和民主协调性，着重于一些地方行政区域的水行政主管部门难以单独处理的问题，而一个行政区域内的经常性的水资源监督管理工作主要应由有关地方政府的水行政主管部门具体负责实施。地方在维护全国水资源统一管理、水法基本制度统一的前提下，也可以结合本地实际制定地方性水法规和有关政府规章，制定有利于本地水资源可持续利用的政策和有关规划、计划，依法加强对本行政区域内水资源的统一管理。

三、相关法规规章、规范性文件

（一）《中华人民共和国河道管理条例》（1988 年发布，2018 年修正）

第四条　国务院水利行政主管部门是全国河道的主管机关。

各省、自治区、直辖市的水利行政主管部门是该行政区域的河道主管机关。

第五条　国家对河道实行按水系统一管理和分级管理相结合的原则。

长江、黄河、淮河、海河、珠江、松花江、辽河等大江大河的主要河段，跨省、自治区、直辖市的重要河段，省、自治区、直辖市之间的边界河道以及国境边界河道，由国家授权的江河流域管理机构实施管理，或者由上述江河所在省、自治区、直辖市的河道主管机关根据流域统一规划实施管理。其他河道由省、自治区、直辖市或者市、县的河道主管机关实施管理。

（二）《黄河水量调度条例》（2006 年发布）

第五条　国务院水行政主管部门和国务院发展改革主管部门负责组织、协调、监督、指导黄河水量调度工作。

黄河水利委员会依照本条例的规定负责黄河水量调度的组织实施和监督检查工作。

有关县级以上地方人民政府水行政主管部门和黄河水利委员会所属管理机构，依照本条例的规定负责所辖范围内黄河水量调度的实施和监督检查工作。

（三）《山东省黄河河道管理条例》（1997 年发布，2024 年修正）

第四条　各级黄河河务部门是其管辖范围内的黄河河道主管机关。

各级黄河河道主管机关在同级人民政府和上级主管机关的领导下进行工作。

县级以上人民政府自然资源、住房城乡建设、交通运输、水行政、海洋渔业、林业等有关部门在各自的职责范围内，配合黄河河道主管机关做好相关的黄河河道管理工作。

（四）《河南省黄河河道管理办法》（1992 年发布，2017 年修订）

第四条　河南黄河河务局是我省黄河河道主管机关。沿黄河各省辖市、县（市、区）黄河河务局是该行政区域或者管理范围的黄河河道主管机关。

河南黄河河道，根据国务院水行政主管部门划定的等级标准进行管理。

沿黄河县级以上人民政府发展改革、国土资源、环保、交通运输、水利、农业、林业等有关部门，应当在各自职责范围内做好有关的黄河河道管理工作。

第二章　水资源规划

第一节　水资源规划之间和水资源规划与有关规划之间关系

一、《水法》第十五条

流域范围内的区域规划应当服从流域规划，专业规划应当服从综合规划。

流域综合规划和区域综合规划以及与土地利用关系密切的专业规划，应当与国民经济和社会发展规划以及土地利用总体规划、城市总体规划和环境保护规划相协调，兼顾各地区、各行业的需要。

二、释义

《水法》第十五条是对水资源规划之间和水资源规划与有关规划之间关系的规定。

水资源具有流域性、多功能性和不可替代性，这就使得开发、利用、节约、保护、管理水资源和防治水害的各项活动相互联系、形成整体。因此，在上下游、左右岸、各行各业之间存在着局部与整体、趋利避害、协调平衡问题。为了保证国家整体利益并统筹兼顾各方利益，本条规定了流域规划与区域规划、专业规划与综合规划之间的关系，并规定了流域规划、区域规划与其他相关的总体规划相协调的关系。

本条分两款，第一款按照局部必须服从整体、专项必须服从综合的原则和对水资源加强统一管理的要求，规定了流域范围内的区域规划应当服从流域规划，专业规划应当服从综合规划。流域和区域的综合规划要充分考虑人口、资源、环境等要素，适应生产力发展布局的要求，处理好防洪抗旱、开源节流保护、兴利除害、排水与蓄水、供水与用水以及上游与下游、城市与农村、流域与区域等方面的需要，统筹兼顾各地区、各行业的需要。在全国人民代表大会常务委员会对《水法》修订审议中，有些委员提出，在推进城市化的过程中，有些地方片面追求扩大城市规模，不考虑水资源和供水的可能性，因而造成城市用水严重紧缺，不得不花更多的投资去修建引水工程，建议制定城市总体规划应该和水资源开发利用总体规划相协调。所以，第二款规定了有关的水资源规划应当与国民经济和社会发展规划及土地利用总体规划、城市总体规划和环境保护规划相互协调。

三、相关法律

（一）《中华人民共和国土地管理法》（1986年发布，2004年修正）

第二十三条　江河、湖泊综合治理和开发利用规划，应当与土地利用总体规划相衔接。在江河、湖泊、水库的管理和保护范围以及蓄洪滞洪区内，土地利用应当符合江河、湖泊综合治理和开发利用规划，符合河道、湖泊行洪、蓄洪和输水的要求。

（二）《中华人民共和国水土保持法》（1991年发布，2010年修订）

第十三条　水土保持规划的内容应当包括水土流失状况、水土流失类型区划分、水土流失防治目标、任务和措施等。

水土保持规划包括对流域或者区域预防和治理水土流失、保护和合理利用水土资源作出的整体部署，以及根据整体部署对水土保持专项工作或者特定区域预防和治理水土流失作出的专项部署。

水土保持规划应当与土地利用总体规划、水资源规划、城乡规划和环境保护规划等相协调。

编制水土保持规划，应当征求专家和公众的意见。

（三）《中华人民共和国防洪法》（1997年发布，2016年修正）

第四条　开发利用和保护水资源，应当服从防洪总体安排，实行兴利与除害相结合的原则。

江河、湖泊治理以及防洪工程设施建设，应当符合流域综合规划，与流域水资源的综合开发相结合。

本法所称综合规划是指开发利用水资源和防治水害的综合规划。

第二节　开发、利用、节约、保护水资源和防治水害的各类规划的编制和审批权限

一、《水法》第十七条

国家确定的重要江河、湖泊的流域综合规划，由国务院水行政主管部门会同国务院有关部门和有关省、自治区、直辖市人民政府编制，报国务院批准。跨省、自治区、直辖市的其他江河、湖泊的流域综合规划和区域综合规划，由有关流域管理机构会同江河、湖泊所在地的省、自治区、直辖市人民政府水行政主管部门和有关部门编制，分别经有关省、自治区、直辖市人民政府审查提出意见后，报国务院水行政主管部门审核；国务院水行政主管部门征求国务院有关部门意见后，报国务院或者其授权的部门批准。

前款规定以外的其他江河、湖泊的流域综合规划和区域综合规划，由县级以上地方人民政府水行政主管部门会同同级有关部门和有关地方人民政府编制，报本级人民政府或者其授权的部门批准，并报上一级水行政主管部门备案。

专业规划由县级以上人民政府有关部门编制，征求同级其他有关部门意见后，报本级人民政府批准。其中，防洪规划、水土保持规划的编制、批准，依照防洪法、水土保持法的有关规定执行。

二、释义

《水法》第十七条是对开发、利用、节约、保护水资源和防治水害的各类规划的编制和审批权限的规定。

本条第一款规定了国家确定的重要江河、湖泊的流域综合规划，跨省、自治区、直辖市的其他江河、湖泊的流域综合规划和区域综合规划的编制和审批权限；第二款规定了第一款以外的其他江河、湖泊的流域综合规划和区域综合规划的编制、批准和备案权限；第三款规定了专业规划的编制和审批权限。制定水资源规划要在对水资源全面评价的基础上统筹考虑上下游、左右岸、城市和农村、流域和区域、兴利和除害的关系，发挥水的多种功能，协调好生活、生产经营和生态环境用水。

国家确定的重要江河、湖泊的流域综合规划，由国务院水行政主管部门会同国务院计划行政主管部门及其他有关部门，并且会同该流域内各省、自治区、直辖市人民政府编制。国家确定的重要江河的流域综合规划的批准权在国务院，因此上述流域综合规划必须报国务院批准。比如黄河流域综合规划，就应由水利部会同国务院有关行政主管部门和黄河流域的省级人民政府编制并报国务院批准。

跨省、自治区、直辖市的其他江河、湖泊的流域综合规划和区域综合规划，按照流域管理机构的分工管辖范围，由有管辖权的流域管理机构会同江河、湖泊所在地的省、自治区、直辖市人民政府水行政主管部门和有关部门编制，分别经有关省、自治区、直辖市人民政府审查提出意见后，报国务院水行政主管部门审核；由国务院水行政主管部门征求国务院其他有关部门意见后，报国务院或者国务院授权的部门批准。上述规定是在总结 1988 年《水法》施行以来 14 年的实践经验后形成的，这样规定既可以防止无序开发又可以避免区域之间的利害冲突，同时还可以按照分级管理的原则，保证流域范围内的区域规划服从流域规划。

本条第一款规定以外的江河、湖泊的流域综合规划和区域综合规划，由县级以上地方人民政府水行政主管部门会同同级有关部门和有关地方人民政府编制，原则上应由流域所在行政区域的地方水行政主管部门会同同级有关部门和该流域范围内的地方人民政府编制。如闽江流域基本在福建省内，就应由福建省水利厅会同省有关部门和在该流域内的福州、南平、三明、建阳等城市人民政府编制。第一款规定流域综合规划的批准权在本级人民政府或政府授权的部门，并报上一级水行政主管部门备案。如闽江流域综合规划就应由福建省人民政府或省政府授权的部门批准，并报水利部备案。

本条第三款中所规定的专业规划，分别由县级以上人民政府的有关部门编制，并在征求同级其他有关部门意见后，报本级人民政府批准。这是因为按照政府部门的职责分工，防洪、治涝、灌溉、航运、供水、水力发电、竹木流放、渔业、水资源保护、水土保持、防沙治沙、节约用水等水资源开发、利用、节约、保护和水害防治工作分别由有关部门负责。因此，上述专业规划应由相关部门组织编制。但为保证专业规划符合流域综合规划并相互协调，必须报本级人民政府批准。考虑到《中华人民共和国防洪法》（简称《防洪法》）《中华人民共和国水土保持法》（简称《水土保持法》）中对防洪规划与水土保持规划已有专门规定，本条还专门规定了防洪规划、水土保持规划等专业规划的编制、批准依照《防洪法》《水土保持法》的有关规定执行。

三、相关法律

（一）《中华人民共和国水土保持法》（1991 年发布，2010 年修订）

第十四条　县级以上人民政府水行政主管部门会同同级人民政府有关部门编制水土保持规划，报本级人民政府或者其授权的部门批准后，由水行政主管部门组织实施。

水土保持规划一经批准，应当严格执行；经批准的规划根据实际情况需要修改的，应当按照规划编制程序报原批准机关批准。

（二）《中华人民共和国防洪法》（1997 年发布，2016 年修正）

第十条　国家确定的重要江河、湖泊的防洪规划，由国务院水行政主管部门依据该江河、湖泊的流域综合规划，会同有关部门和有关省、自治区、直辖市人民政府编制，报国务院批准。

其他江河、河段、湖泊的防洪规划或者区域防洪规划，由县级以上地方人民政府水行政主管部门分别依据流域综合规划、区域综合规划，会同有关部门和有关地区编制，报本级人民政府批准，并报上一级人民政府水行政主管部门备案；跨省、自治区、直辖市的江河、河段、湖泊的防洪规划由有关流域管理机构会同江河、河段、湖泊所在地的省、自治区、直辖市人民政府水行政主管部门、有关主管部门拟定，分别经有关省、自治区、直辖市人民政府审查提出意见后，报国务院水行政主管部门批准。

城市防洪规划，由城市人民政府组织水行政主管部门、建设行政主管部门和其他有关部门依据流域防洪规划、上一级人民政府区域防洪规划编制，按照国务院规定的审批程序批准后纳入城市总体规划。

修改防洪规划，应当报经原批准机关批准。

（三）《中华人民共和国民法典》（2020 年发布）

第二百九十条　不动产权利人应当为相邻权利人用水、排水提供必要的便利。

对自然流水的利用，应当在不动产的相邻权利人之间合理分配。对自然流水的排放，应当尊重自然流向。

第二百九十六条　不动产权利人因用水、排水、通行、铺设管线等利用相邻不动产的，应当尽量避免对相邻的不动产权利人造成损害。

第一千一百六十七条　侵权行为危及他人人身、财产安全的，被侵权人有权请求侵权人承担停止侵害、排除妨碍、消除危险等侵权责任。

第三节　建设水工程的审批程序和批准权限

一、《水法》第十九条

建设水工程，必须符合流域综合规划。在国家确定的重要江河、湖泊和跨省、自治区、直辖市的江河、湖泊上建设水工程，未取得有关流域管理机构签署的符合流域综合规划要求的规划同意书的，建设单位不得开工建设；在其他江河、湖泊上建设水工程，未取得县级以上地方人民政府水行政主管部门按照管理权限签署的符合流域综合规划要求的刮花同意书的，建设单位不得开工。水工程建设涉及防洪的，依照防洪法的有关规定执行；涉及其他地区和行业的，建设单位应当事先征求有关地区和部门的意见。

二、释义

《水法》第十九条是对建设水工程的审批程序和批准权限的规定。

建设水工程是指在江河、湖泊和地下水源上建设开发利用水资源的各类工程。为了加强对水资源的宏观管理，确保按规划从事各类兴利除害的水事活动，本条强制性规定“建设水工程，必须符合流域综合规划。”同时分两个层次规定了建设水工程的审批程序和批准权限。第一个层次是在国家规定的重要江河、湖泊上建设水工程，要取得有关流域管理机构签署的符合流域综合规划要求的规划同意书。第二个层次是在其他江河、湖泊上建设水工程，要取得县级以上地方人民政府水行政主管部门按照管理权限签署的符合流域综合规划要求的规划同意书。

考虑到《防洪法》第十七条对在江河、湖泊上建设水工程应当符合防洪规划已作规定，所以本条规定水工程建设涉及防洪的依照《防洪法》的有关规定执行；又考虑到建设水工程还应符合其他地区和行业的有关规定，因此本条同时规定，涉及其他地区和行业的，建设单位应当事先征求有关地区和部门的意见。

三、法律责任

（一）未经水行政主管部门或者流域管理机构同意，擅自修建水工程，或者建设桥梁、码头和其他拦河、跨河、临河建筑物、构筑物，铺设跨河管道、电缆所应承担的法律责任

《水法》第六十五条第二款规定：“未经水行政主管部门或者流域管理机构同意，擅自修建水工程，或者建设桥梁、码头和其他拦河、跨河、临河建筑物、构筑物，铺设跨河管道、电缆，且防洪法未作规定的，由县级以上人民政府水行政主管部门或者流域管理机构依据职权，责令停止违法行为，限期补办有关手续；逾期不补办或者补办未被批准的，责令限期拆除违法建筑物、构筑物；逾期不拆除的，强行拆除，所需费用由违法单位或者个人负担，并处一万元以上十万元以下的罚款。”

未经水行政主管部门或者流域管理机构同意，擅自修建水工程，且《防洪法》没有相关处罚规定的时候，依据《水法》第六十五条第二款规定，由县级以上人民政府水行政主管部门或者流域管理机构依据职权，依法给予行政处罚。行政处罚方式有以下几种：

（1）责令停止违法行为。由县级以上人民政府水行政主管部门或者流域管理机构责令违法行为人停止正在进行的在河道管理范围内擅自修建水工程的违法行为。

（2）限期补办有关手续。由县级以上人民政府水行政主管部门或者流域管理机构在行政执法中，发现并确认违法行为人在河道管理范围内未经水行政主管部门或者流域管理机构同意，擅自修建水工程，责令违法行为人在一定的期限内补办建设工程所需的有关手续。

（3）责令限期拆除违法建筑物、构筑物。由县级以上人民政府水行政主管部门或者流域管理机构向违法行为人发出处罚通知，责令违法行为人在一定的期限内拆除其违法建设的建筑物、构筑物。违法行为人在接到责令限期拆除的行政处罚后，应当在规定的期限内拆除违法建筑物、构筑物。本处罚的前提是，违法行为人在规定的期限内未补办工程建设所需的手续或者补办未被批准的情况下，才可以对违法行为人处以此处罚，如果行为人补办了工程建设所需的手续，则不应再对其进行责令限期拆除的处罚。

（4）对于违法行为人在有关行政机关规定的期限内没有拆除违法建筑物、构筑物的，本款规定可以由县级以上人民政府水行政主管部门或者流域管理机构或其委托的单位强行拆除，所需费用由违法行为人承担。

（5）罚款。由县级以上人民政府水行政主管部门或者流域管理机构强制违法行为人缴纳一定数量货币的行政处罚。本款规定的罚款处罚必须在特定的条件下才可执行，即违法行为人在规定的期限内未拆除违法建筑物、构筑物，才可以对违法行为人

处以罚款，不可对违法行为人单处罚款。本款规定的罚款幅度是一万元以上十万元以下，罚款的具体数额由县级以上人民政府水行政主管部门或者流域管理机构根据当事人的违法行为的具体情况决定。

（二）虽经水行政主管部门或者流域管理机构同意，但未按照要求修建前款（《水法》第六十五条第二款）所列工程设施所应承担的法律责任

《水法》第六十五条第三款规定："虽经水行政主管部门或者流域管理机构同意，但未按照要求修建前款所列工程设施的，由县级以上人民政府水行政主管部门或者流域管理机构依据职权，责令限期改正，按照情节轻重，处一万元以上十万元以下的罚款。"

虽经水行政主管部门或者流域管理机构同意，但未按照要求修建工程设施的，依据《水法》第六十五条第三款的规定，应当由县级以上人民政府水行政主管部门或者流域管理机构依据职权，依法给予行政处罚。行政处罚方式有以下几种：

（1）责令限期改正。由县级以上人民政府水行政主管部门或者流域管理机构对未按照审查同意的工程建设方案的要求修建前款所列工程设施的违法行为人，发出处罚通知，责令违法行为人在一定的期限内改正其违法行为。违法行为人在接到责令限期改正的行政处罚后，应当在规定的期限内改正其违法行为。

（2）罚款。由县级以上人民政府水行政主管部门或者流域管理机构强制未按照审查同意的工程建设方案的要求修建前款所列工程设施的违法行为人缴纳一定数量货币的行政处罚。根据本款规定，可以对违法行为人单处罚款。本款规定的罚款幅度是一万元以上十万元以下，罚款的具体数额由县级以上人民政府水行政主管部门或者流域管理机构根据当事人的违法行为的具体情况决定。

四、相关法规规章

（一）《中华人民共和国水文条例》（2007年发布，2017年修订）

第三十三条　在国家基本水文测站上下游建设影响水文监测的工程，建设单位应当采取相应措施，在征得对该站有管理权限的水行政主管部门同意后方可建设。因工程建设致使水文测站改建的，所需费用由建设单位承担。

第三十七条　未经批准擅自设立水文测站或者未经同意擅自在国家基本水文测站上下游建设影响水文监测的工程的，责令停止违法行为，限期采取补救措施，补办有关手续；无法采取补救措施、逾期不补办或者补办未被批准的，责令限期拆除违法建筑物；逾期不拆除的，强行拆除，所需费用由违法单位或者个人承担。

（二）《水工程建设规划同意书制度管理办法（试行）》（2007年发布，2017年修正）

第三条　水利部负责水工程建设规划同意书制度实施的监督管理。

水利部所属流域管理机构（以下简称流域管理机构）和县级以上地方人民政府水

行政主管部门按照分级管理权限，具体负责水工程建设规划同意书制度的实施和监督管理。

第四条　水工程未取得流域管理机构或者县级以上地方人民政府水行政主管部门按照管理权限审查签署的水工程建设规划同意书的，建设单位不得开工建设。

水工程建设规划同意书的内容，包括对水工程建设是否符合流域综合规划和防洪规划审查并签署的意见。

第五条　下列水工程建设规划同意书，由流域管理机构负责审查并签署：

（一）长江、黄河、淮河、海河、珠江、松花江、辽河的干流及其主要一级支流和太湖以及其他跨省、自治区、直辖市的重要江河上建设的水工程；

（二）省际边界河流（河段）、湖泊上建设的水工程；

（三）国际河流（含跨界、边界河流和湖泊）及其主要支流上建设的水工程；

（四）流域管理机构直接管理的河流（河段）、湖泊上建设的水工程。

前款第一项中的主要一级支流和其他跨省、自治区、直辖市的重要江河，第三项中的主要支流以及第四项中的流域管理机构直接管理的河流（河段）、湖泊的名录和范围由水利部规定。

本条第一款规定以外的其他水工程建设规划同意书，由县级以上地方人民政府水行政主管部门按照省、自治区、直辖市人民政府水行政主管部门规定的管理权限负责审查并签署。

（三）《山东省黄河河道管理条例》（1997 年发布，2024 年修正）

第十条　河道整治与建设应当符合黄河流域综合规划、黄河流域防洪规划以及国家规定的防洪标准和其他有关技术要求，维护工程安全，有利于河势稳定和河道行洪畅通。

（四）《河南省黄河河道管理办法》（1992 年发布，2017 年修订）

第八条　河道整治与建设应当服从流域综合规划，符合国家规定的防洪标准和其他有关技术要求，维护工程安全，保持河势稳定和行洪、航运通畅，保护水环境质量及生态环境安全。

五、典型案例——×× 河 ×× 湖水面工程影响水文监测案

（一）案情简介

2015 年 5 月，在未取得水行政许可的情况下，建设单位开始建设 ×× 河 ×× 湖水面工程。该工程是 ×× 市为改善 ×× 河沿岸生态环境而批复建造的一项生态工程，在 ×× 水文站下游 1.8 千米处修建拦河坝一座，同时在水文站上下游共 7.8 千米河段内进行河道整治。该工程的建设对 ×× 水文站水文监测工作造成严重影响。

（二）调查处理

2015 年 5 月，工程建设开工以来，×× 委水文局、H 省水文水资源局、L 市水文水资源勘测局多次开展执法检查，督促建设单位依法办理水文行政审批手续，并采取必要补救措施，保证正常的水文测验工作。由于该工程属于地方政府投资工程，建设单位和河道管理部门存在畏难和畏惧情绪，且工程在前期项目审批时，未列影响水文监测补救措施费用，调整项目预算困难，导致迟迟无法落实补救措施。

2017—2019 年，×× 委政法局、水文局多次致函地方政府和建设单位，约谈相关单位，并数次赴 L 市督促建设单位依法落实补救措施，解决 ×× 湖工程影响 ×× 水文站水文监测问题。在 ×× 委、H 省河长办等多方努力下，2019 年 11 月，确定了 ×× 湖工程影响 ×× 水文监测补救措施方案，但是在执行过程中因经费问题迟迟无法落实补救措施。

2020 年 3 月，×× 委领导与 L 市人民政府座谈，督促落实 ×× 湖工程影响 ×× 水文站水文监测补救措施。至此，建设单位与 H 省水文水资源局签订了落实补救措施相关协议书。L 市及时落实了第一批补救措施费用，协议约定剩余所需补救措施费用于 2021 年 6 月前落实到位。

（三）法律分析

该工程的建设违反了《水法》第十九条“建设水工程，必须符合流域综合规划。在国家确定的重要江河、湖泊和跨省、自治区、直辖市的江河、湖泊上建设水工程，未取得有关流域管理机构签署的符合流域综合规划要求的规划同意书的，建设单位不得开工建设”和《中华人民共和国水文条例》第三十三条“在国家基本水文测站上下游建设影响水文监测的工程，建设单位应当采取相应措施，在征得对该站有管理权限的水行政主管部门同意后方可建设。因工程建设致使水文测站改建的，所需费用由建设单位承担”的规定。

根据《中华人民共和国水文条例》第三十七条“未经批准擅自设立水文测站或者未经同意擅自在国家基本水文测站上下游建设影响水文监测的工程的，责令停止违法行为，限期采取补救措施，补办有关手续；无法采取补救措施、逾期不补办或者补办未被批准的，责令限期拆除违法建筑物；逾期不拆除的，强行拆除，所需费用由违法单位或者个人承担”的规定，要求相关单位采取补救措施。

（四）典型意义

工程建设对水文监测的影响，涉及水文专业技术，必须通过专业的科学论证，将工程建设对水文测报的影响降低到最小，并通过积极的补救措施，以消除或最大限度减小工程对水文监测的影响，依法维护水文测验工作的正常进行。

第三章　水资源开发利用

第一节　引水、截（蓄）水、排水产生的相邻关系

一、《水法》第二十八条

任何单位和个人引水、截（蓄）水、排水，不得损害公共利益和他人的合法权益。

二、释义

本条是关于实施取水许可制度和水资源有偿使用制度的范围和对象的规定。

水是流动的，且可以重复使用和综合利用，引水、截（蓄）水、排水都会对上下游或左右岸带来一定的影响。因引水、截（蓄）水、排水产生的相邻关系是相邻关系的主要种类之一。它和其他民事法律关系一样，受我国民法基本原则规范。《水法》第七十六条也明确规定："引水、截（蓄）水、排水，损害公共利益或者他人合法权益的，依法承担民事责任。"这里所讲的民事责任即停止侵害、排除妨碍、消除危险等。

三、法律责任

《水法》第七十六条规定："引水、截（蓄）水、排水，损害公共利益或者他人合法权益的，依法承担民事责任。"

四、相关法律

《中华人民共和国民法典》（2020年发布）：

第二百九十条　不动产权利人应当为相邻权利人用水、排水提供必要的便利。

对自然流水的利用，应当在不动产的相邻权利人之间合理分配。对自然流水的排放，应当尊重自然流向。

第二百九十六条　不动产权利人因用水、排水、通行、铺设管线等利用相邻不动产的，应当尽量避免对相邻的不动产权利人造成损害。

第一千一百六十七条　侵权行为危及他人人身、财产安全的，被侵权人有权请求

侵权人承担停止侵害、排除妨碍、消除危险等侵权责任。

五、典型案例——吴某建房未预留水道纠纷案

（一）案情简介

张某与吴某系同村邻居，两家东西相邻，双方因自然流水的排放问题产生纠纷，张某以相邻关系纠纷为由将吴某诉至法院，请求法院判令：吴某赔偿张某维修费2万元；吴某在自家修建水道，管理好其北房、东房的流水。

法院经审理查明，张某与吴某系同村村民，两家相邻，张某家居东，吴某家居西。吴某早年间建有2间平房。2018年，吴某开始动工翻建其自家北房，现已建成二层楼房。后原、被告双方因吴某建房问题产生纠纷，张某认为吴某建房过程中未预留水道，致使吴某北房的流水浸透其北房西山墙，同时吴某东房的流水也流入其院中，造成维修损失2万元。吴某则表示其建房为原拆原建，张某将其原来的小门楼改建成大门楼才致使流水不畅的情况发生，此外，因张某不配合才导致其未做流水（天沟），从而致使部分雨水流到张某家。庭审中，张某提交现场照片一张和自家房屋建房批示一份，吴某对现场照片予以认可，对建房批示不予认可，认为张某使用的宅基地超出所批宅基地，并占用了其宅基地。经调解，双方分歧较大，未能协商解决。

最终，法院判决如下：吴某于本判决生效后三十日内在其北房东边屋顶修建排水天沟，确保管理好流水不对张某房屋造成影响；驳回张某的其他诉讼请求。

（二）法律分析

不动产的相邻各方，应当按照有利生产、方便生活、团结互助、公平合理的精神，正确处理截水、排水、通行、通风、采光等方面的相邻关系。给相邻方造成妨碍或者损失的，应当停止侵害，排除妨碍，赔偿损失。本案中，张某与吴某系左右邻居关系，根据查明的事实和法院现场勘验情况，吴某翻建二层北房后，其东边房顶流水确会对张某家房屋造成一定影响。根据双方房屋所处的位置和距离，法院认为吴某修建排水天沟并管理好其北房东边屋顶流水是减轻流水对张某家房屋影响的必要途径，且更容易操作施工，也符合经济效益原则，为平衡保护双方当事人的合法权益，法院对张某的该项主张予以支持。另外，需要着重指出的是，双方的宅基地界限应以相关部门确定为准，法院允许吴某修建排水天沟，并不代表对双方宅基地界限的确定，亦不支持吴某以修建排水天沟为由占用张某家的房屋上空。张某要求吴某修建东房的水道，因吴某的东房只有一层，且与张某家西墙头距离较大，吴某东房的流水不会对张某家的房屋造成影响，且原、被告双方系左右邻居，彼此之间有一定的容忍义务，故法院对张某该诉讼请求不予支持。

当事人对自己提出的诉讼请求所依据的事实或者反驳对方诉讼请求所依据的事实有责任提供证据加以证明，没有证据或者证据不足以证明当事人事实主张的，由负有举证责任的当事人承担不利后果。张某称因吴某家房屋的流水浸透其北房西山墙造成损失估算为2万元，但在诉讼过程中张某并未提交确实充分证据证明其经济损失的发生，故对张某的该项主张法院不予支持。

第四章　水资源、水域和水工程的保护

第一节　禁止在饮用水水源保护区内设置排污口和其他入河排污口设置审批制度

一、《水法》第三十四条

禁止在饮用水水源保护区内设置排污口。

在江河、湖泊新建、改建或者扩大排污口，应当经过有管辖权的水行政主管部门或者流域管理机构同意，由环境保护行政主管部门负责对该建设项目的环境影响报告书进行审批。

二、释义

《水法》第三十四条是对禁止在饮用水水源保护区内设置排污口和关于其他入河排污口设置审批制度的规定。

河道或湖泊内任意设置排污口已经造成了极大的危害。一是严重影响了水质。以长江流域为例，过去，上海、南京、武汉、重庆、攀枝花 5 个城市长江干流污水排放量为 46 亿吨每年，占干流主要城市排放总量的 70% 以上。绝大部分污水经由约 180 个入河排污口直接入江，80% 以上未达到排放标准，在干流近岸形成了约 400 千米的污染带。不仅影响了沿岸城市的生活、生产用水安全，也对水生生物形成了威胁。同时，排污口的布局也不尽合理，许多沿河城市的取水口与排污口犬牙交错，严重影响了取水水质。二是危及堤防安全，影响行洪。《中华人民共和国河道管理条例》（简称《河道管理条例》）的相关规定在具体实施中显得力度不够。因此，加强对入河排污口设置的审查以及加强对入河排污口的管理是十分必要的。为了与《中华人民共和国水污染防治法》的有关规定相衔接，全国人民代表大会常务委员会在《水法》修订过程中根据部分常委、环境与资源保护委员会和一些地方、部门的意见，作出了本条规定。

本条规定在实施中应当注意两个问题：一是水行政主管部门或者流域机构在对排污口的设置进行审查时，应当重点根据水资源管理及保护、堤防及防洪安全、取水许可及水功能区划的要求等进行审查，提出同意与否的意见。二是对于属于建设项目的排污口，应当按照《建设项目环境保护管理条例》的规定，编制环境影响报告书（表），履行相关的审批手续。

三、法律责任

（一）在饮用水水源保护区内设置排污口应当承担的法律责任

《水法》第六十七条第一款规定："在饮用水水源保护区内设置排污口的，由县级以上地方人民政府责令限期拆除、恢复原状；逾期不拆除、不恢复原状的，强行拆除、恢复原状，并处五万元以上十万元以下的罚款。"

当事人在饮用水水源保护区内设置排污口，即违反了《水法》第三十四条第一款规定，应当承担《水法》第六十七条第一款规定的法律责任，由县级以上地方人民政府对违法行为人给予行政处罚，处罚的方式有以下几种：

（1）责令限期拆除、恢复原状。由县级以上地方人民政府向违法行为人发出处罚通知，责令违法行为人在一定的期限内拆除排污口，恢复设置排污口之前的状态。违法行为人在接到责令限期拆除、恢复原状的行政处罚后，应当在规定的期限内拆除排污口，恢复饮用水水源保护区原状。

（2）逾期不拆除、不恢复原状的，强行拆除、恢复原状。县级以上地方人民政府在违法行为人未在规定的期限内拆除排污口，恢复饮用水水源保护区原状的情况下，可以强行拆除排污口，恢复饮用水水源保护区原状。

（3）罚款。由县级以上地方人民政府强制在饮用水水源保护区内设置排污口的违法行为人缴纳一定数量货币的行政处罚。根据本款规定，只能在违法行为人未在规定的期限内拆除排污口、恢复饮用水水源保护区原状的情况下，才能够对违法行为人处以罚款。本款规定的罚款幅度是五万元以上十万元以下，罚款的具体数额由县级以上地方人民政府根据当事人违法行为的具体情况决定。

（二）未经水行政主管部门或者流域管理机构审查同意，擅自在江河、湖泊新建、改建或者扩大排污口所应承担的法律责任

《水法》第六十七条第二款规定："未经水行政主管部门或者流域管理机构审查同意，擅自在江河、湖泊新建、改建或者扩大排污口的，由县级以上人民政府水行政主管部门或者流域管理机构依据职权，责令停止违法行为，限期恢复原状，处五万元以上十万元以下的罚款。"

未经水行政主管部门或者流域管理机构审查同意，擅自在江河、湖泊新建、改建或者扩大排污口的，违反了《水法》第三十四条第二款规定，应当承担《水法》第六十七条第二款规定的法律责任，由县级以上人民政府水行政主管部门或者流域管理机构依据职权对违法行为人给予行政处罚，处罚的方式有以下几种：

（1）责令停止违法行为。县级以上人民政府水行政主管部门或者流域管理机构在行政执法中，发现并确认违法行为人未经水行政主管部门或者流域管理机构审查同

意即擅自在江河、湖泊新建、改建或者扩大排污口的行为后，责令违法行为人停止正在进行的违法行为。

（2）限期恢复原状。由县级以上人民政府水行政主管部门或者流域管理机构责令违法行为人在一定的期限内恢复新建、改建或者扩大排污口之前的状态。违法行为人在接到限期恢复原状的行政处罚后，应当在规定的期限内恢复原状。

（3）罚款。由县级以上人民政府水行政主管部门或者流域管理机构强制在饮用水水源保护区内设置排污口的违法行为人缴纳一定数量货币的行政处罚。根据本款规定，可以对违法行为人单处罚款。本款规定的罚款幅度是五万元以上十万元以下，罚款的具体数额由县级以上人民政府水行政主管部门或者流域管理机构根据当事人违法行为的具体情况决定。

四、相关法律法规规章

（一）《中华人民共和国水污染防治法》（1984 年发布，2017 年修正）

第十九条　新建、改建、扩建直接或者间接向水体排放污染物的建设项目和其他水上设施，应当依法进行环境影响评价。

建设单位在江河、湖泊新建、改建、扩建排污口的，应当取得水行政主管部门或者流域管理机构同意；涉及通航、渔业水域的，环境保护主管部门在审批环境影响评价文件时，应当征求交通、渔业主管部门的意见。

建设项目的水污染防治设施，应当与主体工程同时设计、同时施工、同时投入使用。水污染防治设施应当符合经批准或者备案的环境影响评价文件的要求。

第六十四条　在饮用水水源保护区内，禁止设置排污口。

第八十四条　在饮用水水源保护区内设置排污口的，由县级以上地方人民政府责令限期拆除，处十万元以上五十万元以下的罚款；逾期不拆除的，强制拆除，所需费用由违法者承担，处五十万元以上一百万元以下的罚款，并可以责令停产整治。

除前款规定外，违反法律、行政法规和国务院环境保护主管部门的规定设置排污口的，由县级以上地方人民政府环境保护主管部门责令限期拆除，处二万元以上十万元以下的罚款；逾期不拆除的，强制拆除，所需费用由违法者承担，处十万元以上五十万元以下的罚款；情节严重的，可以责令停产整治。

未经水行政主管部门或者流域管理机构同意，在江河、湖泊新建、改建、扩建排污口的，由县级以上人民政府水行政主管部门或者流域管理机构依据职权，依照前款规定采取措施、给予处罚。

（二）《中华人民共和国河道管理条例》（1988 年发布，2018 年修正）

第三十四条　向河道、湖泊排污的排污口的设置和扩大，排污单位在向环境保护部门申报之前，应当征得河道主管机关的同意。

（三）《山东省黄河河道管理条例》（1997年发布，2024年修正）

第二十八条　在黄河河道管理范围内设置或者扩大排污口，排污单位在向有管辖权的生态环境主管部门或者黄河流域生态环境监督管理机构申报之前，应当征得黄河河道主管机关同意。

（四）《河南省黄河河道管理办法》（1992年发布，2017年修订）

第三十一条　向黄河河道排污的排污口的设置和扩大，排污单位在向环保部门申报之前，应当征得黄河河道主管机关的同意。

五、典型案例——S市××货运代理有限公司擅自设置排污口排放泥浆案

（一）案情简介

因青草沙金海支线工程项目C2标段泥浆处理的需要，S市××货运代理有限公司（简称甲货运代理公司）自××××年10月起，在浦东新区A河与B河交界处，实施了在河道管理范围内擅自设置排污口的行为。该公司从施工工地内的泥浆池接出一根管径约15厘米的泥浆管道，一直拉到A河河边，并通过长约1 000米的软管将排污口设置在A河和B河交界处，通过排污口向河道内排放泥浆，导致河道水质污浊，影响到该地区某自来水公司的正常取水，并给当地居民的生活用水及企业生产用水造成了一定的影响。

11月2日13时30分，该地区某自来水公司取水口水质异常，原水浊度超过1 000 NTU，大大超过了水厂处置能力，导致水厂停水一天。通过比对自来水公司水质检测报告中11月2日与11月3日的原水各项指标，发现除浊度指标外，11月2日的原水其他各项指标基本与平日相仿。因此，可确定导致此次原水污染源与泥浆水浸入有关。

针对这一情况，S市水务行政执法总队机动大队进行了排摸检查，在排摸检查中发现甲货运代理公司在河道范围内擅自设置排污口排放泥浆的行为。11月16日，向其发出调查询问通知书，11月19日下午当事人到机动大队接受调查询问。同日，对此案立案。经过调查取证，认定当事人擅自设置排污口违法事实清楚，违反了《中华人民共和国水污染防治法》第十七条第二款的规定，根据《中华人民共和国水污染防治法》第七十五条第三款的规定，对当事人作出如下处理：责令限期拆除排污口；罚款人民币五万元。

（二）法律分析

本案中，当事人违反了《水法》第三十四条“禁止在饮用水水源保护区内设置排污口”和《中华人民共和国水污染防治法》第十九条第二款“建设单位在江河、湖泊新建、改建、扩建排污口的，应当取得水行政主管部门或者流域管理机构同意”等规定，违法事实清楚。

依据《中华人民共和国水污染防治法》第七十五条第二款和第三款“违反法律、行政法规和国务院环境保护主管部门的规定设置排污口或者私设暗管的，由县级以上地方人民政府环境保护主管部门责令限期拆除，处二万元以上十万元以下的罚款；逾期不拆除的，强制拆除，所需费用由违法者承担，处十万元以上五十万元以下的罚款；私设暗管或者有其他严重情节的，县级以上地方人民政府环境保护主管部门可以提请县级以上地方人民政府责令停产整顿”和“未经水行政主管部门或者流域管理机构同意，在江河、湖泊新建、改建、扩建排污口的，由县级以上人民政府水行政主管部门或者流域管理机构依据职权，依照前款规定采取措施、给予处罚”的规定，S市水务局责令限期拆除排污口和处罚五万元，执法主体合法，执法依据充分。

第二节 妨碍河道行洪活动的禁止性规定

一、《水法》第三十七条

禁止在江河、湖泊、水库、运河、渠道内弃置、堆放阻碍行洪的物体和种植阻碍行洪的林木及高秆作物。

禁止在河道管理范围内建设妨碍行洪的建筑物、构筑物以及从事影响河势稳定、危害河岸堤防安全和其他妨碍河道行洪的活动。

二、释义

《水法》第三十七条是对妨碍河道行洪活动的禁止性规定。河道是洪水宣泄的通道，必须保持畅通。但是实际生活中，在江河、湖泊、水库、运河、渠道内弃置、堆放阻碍行洪的物体、种植阻碍行洪的林木和高秆作物比较普遍，特别是在河道管理范围内搞建设，严重影响行洪、危害堤防安全的问题十分突出，不仅加重了防洪紧张局势，也影响了自身安全。

在汛期确保洪水的顺利排泄是关系人民生命财产安全的头等大事，近年来，在城乡建设和经济建设中，一些地方和单位与水争地、侵占河道建设各种建筑物、构筑物，造成河流过流面积减少、泄洪不畅，壅高洪水水位，延长了洪水过程。有的地方和单位在河道两岸堤防上不按照《防洪法》的要求进行开发建设、土木施工，严重危害到汛期堤防承受洪水的能力，使人民的生命财产安全受到威胁。因此，这一款规定明令禁止在河道管理范围内建设妨碍行洪的建筑物、构筑物，或者从事影响河势稳定、危害河岸堤防安全和其他妨碍河道行洪的活动。

三、法律责任

（一）在江河、湖泊、水库、运河、渠道内弃置、堆放阻碍行洪的物体和种植阻碍行洪的林木及高秆作物所应承担的法律责任

《水法》第六十六条第一项规定，有下列行为之一，且《防洪法》未作规定的，由县级以上人民政府水行政主管部门或者流域管理机构依据职权，责令停止违法行为，限期清除障碍或者采取其他补救措施，处一万元以上五万元以下的罚款：（一）在江河、湖泊、水库、运河、渠道内弃置、堆放阻碍行洪的物体和种植阻碍行洪的林木及高秆作物的。

行为人实施了《水法》第三十七条第一款规定的违法行为，且《防洪法》未作处罚规定的，依据《水法》第六十六条第一项规定：

（1）责令停止违法行为。县级以上人民政府水行政主管部门或者流域管理机构责令违法行为人停止正在进行的在江河、湖泊、水库、运河、渠道内弃置、堆放阻碍行洪的物体和种植阻碍行洪的林木及高秆作物和围湖造地或者未经批准围垦河道的违法行为。

（2）限期清除障碍或者采取其他补救措施。由县级以上人民政府水行政主管部门或者流域管理机构向违法行为人发出处罚通知，责令违法行为人在一定的期限内清除障碍或者采取其他的补救措施。违法行为人在接到责令限期清除障碍或者采取其他补救措施的行政处罚后，应当在规定的期限内清除障碍或采取相应的补救措施。

（3）罚款。由县级以上人民政府水行政主管部门或者流域管理机构强制在江河、湖泊、水库、运河、渠道内弃置、堆放阻碍行洪的物体和种植阻碍行洪的林木及高秆作物的，围湖造地或者未经批准围垦河道的违法行为人缴纳一定数量货币的行政处罚。根据本款规定，可以对违法行为人单处罚款。本款规定的罚款幅度是一万元以上五万元以下，罚款的具体数额由县级以上人民政府水行政主管部门或者流域管理机构根据当事人的违法行为的具体情况决定。

（二）在河道管理范围内建设妨碍行洪的建筑物、构筑物，或者从事影响河势稳定、危害河岸堤防安全和其他妨碍河道行洪的活动所应承担的法律责任

《水法》第六十五条第一款规定："在河道管理范围内建设妨碍行洪的建筑物、构筑物，或者从事影响河势稳定、危害河岸堤防安全和其他妨碍河道行洪的活动的，由县级以上人民政府水行政主管部门或者流域管理机构依据职权，责令停止违法行为，限期拆除违法建筑物、构筑物，恢复原状；逾期不拆除、不恢复原状的，强行拆除，所需费用由违法单位或者个人负担，并处一万元以上十万元以下的罚款。"

行为人实施了《水法》第三十七条第二款规定的违法行为，依据《水法》第六十五条第一款规定，由县级以上人民政府水行政主管部门或者流域管理机构依据职

权，依法给予行政处罚，行政处罚方式有以下几种：

（1）责令停止违法行为。县级以上人民政府水行政主管部门或者流域管理机构责令违法行为人停止正在进行的在河道管理范围内建设妨碍行洪的建筑物、构筑物，或者从事影响河势稳定、危害河岸堤防安全和其他妨碍河道行洪的违法行为。

（2）限期拆除违法建筑物、构筑物。县级以上人民政府水行政主管部门或者流域管理机构向违法行为人发出处罚通知，责令违法行为人在一定的期限内拆除其违法建设的建筑物、构筑物。违法行为人在接到责令限期拆除的行政处罚后，应当在规定的期限内拆除可能妨碍行洪的建筑物、构筑物。这种处罚是一种行为罚，是对违法行为人实施的一种制止其违法行为继续进行并予以改正的行政处罚措施。

（3）恢复原状。县级以上人民政府水行政主管部门或者流域管理机构责令违法行为人采取治理措施，进行整治，恢复河道及堤防被非法占用前的状态。

（4）对于违法行为人在有关行政机关规定的期限内没有拆除违法建筑物、构筑物以及未恢复河道、堤防原状的，本款规定可以由县级以上人民政府水行政主管部门或者流域管理机构或其委托的单位强行拆除，所需费用由违法行为人承担。这是一种行政代执行处罚。

（5）罚款。由县级以上人民政府水行政主管部门或者流域管理机构强制违法行为人缴纳一定数量货币的行政处罚。本款规定的罚款处罚必须在特定的条件下才可执行，即违法行为人在规定的期限内未拆除违法建筑物、构筑物以及未恢复河道、堤防原状的前提下，才可以对违法行为人处以罚款的处罚。按照本款规定，不可对违法行为人单处罚款。本款规定的罚款幅度是一万元以上十万元以下，罚款的具体数额由县级以上人民政府水行政主管部门或者流域管理机构根据当事人违法行为的具体情况决定。

四、相关法规规章

（一）《中华人民共和国河道管理条例》（1988 年发布，2018 年修正）

第二十四条　在河道管理范围内，禁止修建围堤、阻水渠道、阻水道路；种植高杆农作物、芦苇、杞柳、荻柴和树木（堤防防护林除外）；设置拦河渔具；弃置矿渣、石渣、煤灰、泥土、垃圾等。

在堤防和护堤地，禁止建房、放牧、开渠、打井、挖窖、葬坟、晒粮、存放物料、开采地下资源、进行考古发掘以及开展集市贸易活动。

第四十四条　违反本条例规定，有下列行为之一的，县级以上地方人民政府河道主管机关除责令其纠正违法行为、采取补救措施外，可以并处警告、罚款、没收非法所得；对有关责任人员，由其所在单位或者上级主管机关给予行政处分；构成犯罪的，依法追究刑事责任：

（一）在河道管理范围内弃置、堆放阻碍行洪物体的；种植阻碍行洪的林木或者高杆植物的；修建围堤、阻水渠道、阻水道路的；

（二）在堤防、护堤地建房、放牧、开渠、打井、挖窖、葬坟、晒粮、存放物料、开采地下资源、进行考古发掘以及开展集市贸易活动的。

（二）《山东省黄河河道管理条例》（1997 年发布，2024 年修正）

第二十条　在黄河河道管理范围内禁止从事下列活动：

（一）修建围堤、隔堤、阻水渠道、阻水道路等建筑物、构筑物；

（二）种植阻碍行洪的林木和高秆作物；

（三）弃置矿渣、石渣、煤灰、泥土、垃圾等；

（四）在堤防和护堤地上建房、开渠、打井、挖窖、建坟、晒粮、存放物料以及开展集市贸易、摆摊设点等；

（五）损坏黄河工程上的防汛设施、远程监控设施、水文监测和测量设施、标志桩以及通信等附属设施；

（六）排放、倾倒有毒有害物质以及清洗装贮过油类或者有毒污染物的车辆、容器等。

第四十五条　违反本条例第二十条第一至五项规定的，由黄河河道主管机关责令其停止违法行为，采取补救措施，并可处以一千元以上五万元以下的罚款。

违反本条例第二十条第六项规定的，由生态环境主管部门依照环境保护法律、法规的规定处理。

（三）《河南省黄河河道管理办法》（1992 年发布，2017 年修订）

第二十三条　在黄河河道管理范围内，禁止下列活动：

（一）修建围堤、阻水渠道、阻水道路；

（二）种植高秆农作物、芦苇和片林（堤防防护林除外）；

（三）弃置矿渣、石渣、煤灰、泥土、垃圾等；

（四）在堤防和护堤地建房、开渠、打井、挖窖、建窑、葬坟、取土、放牧、违章垦植、堆放物料、开采地下资源、进行考古发掘以及开展集市贸易活动；

（五）采淘铁砂；

（六）在堤顶行驶履带机动车和其他硬轮车辆；

（七）设置拦河渔具；

（八）其他有关法律、法规、规章禁止的活动。

第四十三条　违反本办法规定，有下列行为之一的，由县级以上黄河河道主管机关责令其纠正违法行为、采取补救措施，并可以按照下列标准处以罚款：

（一）在河道管理范围内弃置矿渣、石渣、煤灰、泥土、垃圾等物料的，每立方米处二百元以上五百元以下罚款，但罚款金额最高不超过五万元；种植高杆农作物、芦苇和片林的，每亩处五十元以上二百元以下罚款，但罚款金额最高不超过五万元；修建围堤、阻水渠道、阻水道路的，处五千元以上三万元以下罚款；

（二）在堤防、护堤地建房、开渠、打井、挖窖、建窑、葬坟、取土的，处一千元以上五千元以下罚款；放牧、违章垦植、开展集市贸易活动的，处一百元以上三百元以下罚款；堆放物料、开采地下资源、进行考古发掘的，处一万元以上五万元以下罚款。

五、典型案例——G 集团在 S 省 J 市黄河河道内违法建设建筑物案

（一）案情简介

S 省 G 集团在 J 市黄河 ×× 河段河道内修建庙宇、牌坊、饭店、围堤、假山等阻碍行洪的建筑物，项目规划占地 1 000 余亩[①]，投资 10 亿元。该项目所在地处于河道主溜急转弯河段，险工极易受主溜顶冲，历来是 J 市黄河防汛的重点部位。大量的违法建筑缩窄了行洪断面，形成阻水障碍，严重影响黄河防洪安全。

2008 年 12 月，水政人员在巡查中发现项目开始违法建设，进行立案查处，并责成建设单位清除已建阻碍行洪建筑物。建设单位无视河务部门的行政处罚和整改要求，继续违法建设。2010 年，河务部门申请人民法院强制执行处罚决定。

S 省高度重视，省政府、J 市市委主要负责人先后批示，要求按照黄河防汛抗旱总指挥部清障令坚决清除。S 省政府督查室牵头，河务、国土、城管等部门参加，每周督查清障工作进度。在拆除过程中，受“宁毁万间屋，不拆一座庙”的思想影响，当地群众不同意毁掉庙中佛像，对清障工作横加阻挠。由于佛像太大，建设单位迟迟没有找到庙中佛像安身处，致使清障工作不够彻底。

2019 年初，×× 委携手检察机关，借助公益诉讼平台，强力推进寺庙拆除工作。2019 年 3 月，完成寺庙拆除工作。至此，×× 河段违法建筑群全部拆除完毕。为警示违法者，河务部门携手司法机关，在滩区原违法建筑群的地方建立黄河生态环境司法修复基地。

（二）法律分析

G 集团在黄河河道内大规模建设建筑物、构筑物，违反了《水法》第三十七条“禁止在江河、湖泊、水库、运河、渠道内弃置、堆放阻碍行洪的物体和种植阻碍行洪的林木及高秆作物。禁止在河道管理范围内建设妨碍行洪的建筑物、构筑物以及从事影响河势稳定、危害河岸堤防安全和其他妨碍河道行洪的活动”的规定。

依据《水法》第六十五条第一款“在河道管理范围内建设妨碍行洪的建筑物、构筑物，或者从事影响河势稳定、危害河岸堤防安全和其他妨碍河道行洪的活动的，由县级以上人民政府水行政主管部门或者流域管理机构依据职权，责令停止违法行为，

① 1 亩＝1/15 公顷，全书同。

限期拆除违法建筑物、构筑物，恢复原状；逾期不拆除、不恢复原状的，强行拆除，所需费用由违法单位或者个人负担，并处一万元以上十万元以下的罚款”和《防洪法》第四十二条“对河道、湖泊范围内阻碍行洪的障碍物，按照谁设障、谁清除的原则，由防汛指挥机构责令限期清除；逾期不清除的，由防汛指挥机构组织强行清除”的规定，黄河防汛抗旱总指挥部向S省防汛抗旱指挥部下达清障令，要求清除该违法建筑群。J市政府组织相关区防汛抗旱指挥部对违法建筑物进行了强制拆除。

（三）典型意义

J市黄河违法建设案侧面反映了随着沿黄经济社会的发展，土地资源日益紧张，侵占河道、与河争地问题日益突出，河道监管形势严峻，任务更加艰巨、繁重。该案历时10年，当事人顶风作案、边查边建，除其社会背景势力复杂、法治观念淡薄，涉及多方利益外，也存在水行政执法力量薄弱、基层法院执行难问题。最终在××委、S省河务局等各级领导的高度重视下，依托河长制平台，通过联合执法协调各方力量促成了案件顺利解决，并在滩区原违法建筑群所处位置建立了黄河生态环境司法修复基地，为黄河生态保护树立了标杆。

第三节　对河道管理范围内建设活动管理的规定

一、《水法》第三十八条

在河道管理范围内建设桥梁、码头和其他拦河、跨河、临河建筑物、构筑物，铺设跨河管道、电缆，应当符合国家规定的防洪标准和其他有关的技术要求，工程建设方案应当依照防洪法的有关规定报经有关水行政主管部门审查同意。

因建设前款工程设施，需要扩建、改建、拆除或者损坏原有水工程设施的，建设单位应当负担扩建、改建的费用和损失补偿。但是，原有工程设施属于违法工程的除外。

二、释义

《水法》第三十八条是对河道管理范围内建设活动管理的规定。

在河道管理范围内进行建设，有可能对防洪产生不利影响。1998年江西省九江市城区长江大堤溃口，重要原因就是某单位在临水堤外滩地违章建油库平台，破坏大堤的防渗层。出现险情时，油库平台上游墙又给抢险带来困难。在高水位、长期渗流下大堤被冲开30米左右宽的缺口。因此，必须建立河道管理范围内建设项目行政许可制度。本条第一款规定，工程建设方案应当依照《防洪法》的有关规定报经有关水行政主管部门审查同意。《防洪法》第二十七条规定：“建设跨河、穿河、穿堤、临河的桥梁、码头、道路、渡口、管道、缆线、取水、排水等工程设施，应当符合防洪标准、岸线规划、航运要求和其他技术要求，不得危害堤防安全、影响河势稳定、妨碍行洪畅通；其工程建设方案未经有关水行政主管部门根据前述防洪要求审查同意的，建设单位不得开工建设。”

前款工程设施需要占用河道、湖泊管理范围内土地，跨越河道、湖泊空间或者穿越河床的，建设单位应当经有关水行政主管部门对该工程设施建设的位置和界限审查批准后，方可依法办理开工手续；安排施工时，应当按照水行政主管部门审查批准的位置和界限进行。

本条第二款规定了损害赔偿责任，即因建设本条第一款工程设施，需要扩建、改建、拆除原有水工程设施，或者对原有水工程设施造成损坏的，建设单位应当负担有关费用，或承担损失赔偿责任。但是，按照违法财产不受法律保护的原则，原有水工程属于违法工程的，建设第一款工程设施的建设单位不承担损害赔偿责任。

三、法律责任

（一）未经水行政主管部门或者流域管理机构同意，擅自修建水工程，或者建设桥梁、码头和其他拦河、跨河、临河建筑物、构筑物，铺设跨河管道、电缆所应承担的法律责任

《水法》第六十五条第二款规定：“未经水行政主管部门或者流域管理机构同意，擅自修建水工程，或者建设桥梁、码头和其他拦河、跨河、临河建筑物、构筑物，铺设跨河管道、电缆，且防洪法未作规定的，由县级以上人民政府水行政主管部门或者流域管理机构依据职权，责令停止违法行为，限期补办有关手续；逾期不补办或者补办未被批准的，责令限期拆除违法建筑物、构筑物；逾期不拆除的，强行拆除，所需费用由违法单位或者个人负担，并处一万元以上十万元以下的罚款。”

未经水行政主管部门或者流域管理机构同意，擅自建设桥梁、码头和其他拦河、跨河、临河建筑物、构筑物，铺设跨河管道、电缆，且《防洪法》没有相关处罚规定时，依据《水法》第六十五条第二款规定，由县级以上人民政府水行政主管部门或者流域管理机构依据职权，依法给予行政处罚。行政处罚方式有以下几种：

（1）责令停止违法行为。由县级以上人民政府水行政主管部门或者流域管理机构责令违法行为人停止正在进行的在河道管理范围内擅自建设桥梁、码头和其他拦河、跨河、临河建筑物、构筑物，铺设跨河管道、电缆等工程设施的违法行为。

（2）限期补办有关手续。由县级以上人民政府水行政主管部门或者流域管理机构在行政执法中，发现并确认违法行为人在河道管理范围内未经水行政主管部门或者流域管理机构同意，擅自建设桥梁、码头和其他拦河、跨河、临河建筑物、构筑物，铺设跨河管道、电缆等工程设施后，责令违法行为人在一定的期限内补办建设工程所

需的有关手续。

（3）责令限期拆除违法建筑物、构筑物。由县级以上人民政府水行政主管部门或者流域管理机构向违法行为人发出处罚通知，责令违法行为人在一定的期限内拆除其违法建设的建筑物、构筑物。违法行为人在接到责令限期拆除的行政处罚后，应当在规定的期限内拆除违法建筑物、构筑物。本处罚的前提是，违法行为人在规定的期限内未补办工程建设所需的手续或者补办未被批准的情况下，才可以对违法行为人处以此处罚，如果行为人补办了工程建设所需的手续，则不应再对其进行责令限期拆除的处罚。

（4）对于违法行为人在有关行政机关规定的期限内没有拆除违法建筑物、构筑物的，本款规定可以由县级以上人民政府水行政主管部门或者流域管理机构或其委托的单位强行拆除，所需费用由违法行为人承担。

（5）罚款。由县级以上人民政府水行政主管部门或者流域管理机构强制违法行为人缴纳一定数量货币的行政处罚。本款规定的罚款处罚必须在特定的条件下才可执行，即违法行为人在规定的期限内未拆除违法建筑物、构筑物的前提下，才可以对违法行为人处以罚款的处罚，不可对违法行为人单处罚款。本款规定的罚款幅度是一万元以上十万元以下，罚款的具体数额由县级以上人民政府水行政主管部门或者流域管理机构根据当事人的违法行为的具体情况决定。

（二）虽经水行政主管部门或者流域管理机构同意，但未按照要求修建前款（《水法》第六十五条第二款）所列工程设施所应承担的法律责任

《水法》第六十五条第三款规定：“虽经水行政主管部门或者流域管理机构同意，但未按照要求修建前款所列工程设施的，由县级以上人民政府水行政主管部门或者流域管理机构依据职权，责令限期改正，按照情节轻重，处一万元以上十万元以下的罚款。”

虽经水行政主管部门或者流域管理机构同意，但未按照要求修建建设桥梁、码头和其他拦河、跨河、临河建筑物、构筑物，铺设跨河管道、电缆等工程设施的，依据《水法》第六十五条第三款规定，应当由县级以上人民政府水行政主管部门或者流域管理机构依据职权，依法给予行政处罚。

（1）责令限期改正。由县级以上人民政府水行政主管部门或者流域管理机构对未按照审查同意的工程建设方案的要求修建前款所列工程设施的违法行为人，发出处罚通知，责令违法行为人在一定的期限内改正其违法行为。违法行为人在接到责令限期改正的行政处罚后，应当在规定的期限内改正其违法行为。

（2）罚款。由县级以上人民政府水行政主管部门或者流域管理机构强制未按照审查同意的工程建设方案的要求修建前款所列工程设施的违法行为人缴纳一定数量货币的行政处罚。根据本款规定，可以对违法行为人单处罚款。本款规定的罚款幅度是一万元以上十万元以下，罚款的具体数额由县级以上人民政府水行政主管部门或者流域管理机构根据当事人的违法行为的具体情况决定。

四、相关法律法规规章

（一）《中华人民共和国防洪法》（1997 年发布，2016 年修正）

第二十七条　建设跨河、穿河、穿堤、临河的桥梁、码头、道路、渡口、管道、缆线、取水、排水等工程设施，应当符合防洪标准、岸线规划、航运要求和其他技术要求，不得危害堤防安全、影响河势稳定、妨碍行洪畅通；其工程建设方案未经有关水行政主管部门根据前述防洪要求审查同意的，建设单位不得开工建设。

前款工程设施需要占用河道、湖泊管理范围内土地，跨越河道、湖泊空间或者穿越河床的，建设单位应当经有关水行政主管部门对该工程设施建设的位置和界限审查批准后，方可依法办理开工手续；安排施工时，应当按照水行政主管部门审查批准的位置和界限进行。

第五十七条　违反本法第二十七条规定，未经水行政主管部门对其工程建设方案审查同意或者未按照有关水行政主管部门审查批准的位置、界限，在河道、湖泊管理范围内从事工程设施建设活动的，责令停止违法行为，补办审查同意或者审查批准手续；工程设施建设严重影响防洪的，责令限期拆除，逾期不拆除的，强行拆除，所需费用由建设单位承担；影响行洪但尚可采取补救措施的，责令限期采取补救措施，可以处一万元以上十万元以下的罚款。

（二）《中华人民共和国河道管理条例》（1988 年发布，2018 年修正）

第十一条　修建开发水利、防治水害、整治河道的各类工程和跨河、穿河、穿堤、临河的桥梁、码头、道路、渡口、管道、缆线等建筑物及设施，建设单位必须按照河道管理权限，将工程建设方案报送河道主管机关审查同意。未经河道主管机关审查同意的，建设单位不得开工建设。

建设项目经批准后，建设单位应当将施工安排告知河道主管机关。

第十二条　修建桥梁、码头和其他设施，必须按照国家规定的防洪标准所确定的河宽进行，不得缩窄行洪通道。

桥梁和栈桥的梁底必须高于设计洪水位，并按照防洪和航运的要求，留有一定的超高。设计洪水位由河道主管机关根据防洪规划确定。

跨越河道的管道、线路的净空高度必须符合防洪和航运的要求。

第四十四条　违反本条例规定，有下列行为之一的，县级以上地方人民政府河道主管机关除责令其纠正违法行为、采取补救措施外，可以并处警告、罚款、没收非法所得；对有关责任人员，由其所在单位或者上级主管机关给予行政处分；构成犯罪的，依法追究刑事责任：

（三）未经批准或者不按照国家规定的防洪标准、工程安全标准整治河道或者修建水工程建筑物和其他设施的。

（三）《山东省黄河河道管理条例》（1997 **年发布，**2024 **年修正**）

第十一条　在黄河河道管理范围内修建跨河、拦河、临河、穿河、跨堤、穿堤的桥梁、浮桥、闸坝、码头、渡口、道路、管道、缆线以及其他各类建筑物和设施，或者在堤岸设置引水、提水、排水工程，建设单位应当向黄河河道主管机关提出申请并报送工程建设方案；工程建设方案未经黄河河道主管机关审查同意，建设单位不得开工建设。

建设项目按照国家有关规定验收合格后方可启用，并纳入黄河防洪安全的统一管理。

第四十五条　违反本条例第二十条第一至五项规定的，由黄河河道主管机关责令其停止违法行为，采取补救措施，并可处以一千元以上五万元以下的罚款。

违反本条例第二十条第六项规定的，由生态环境主管部门依照环境保护法律、法规的规定处理。

（四）《河南省黄河河道管理办法》（1992 **年发布，**2017 **年修订**）

第九条　在黄河河道上修建开发水利、防治水害、整治河道的各类工程和跨河、穿河、穿堤、临河的桥梁、码头、渡口、道路、管道、缆线等建筑物及设施，建设单位必须按照河道管理权限，将工程建设方案报送黄河河道主管机关审查同意。未经黄河河道主管机关审查同意的，建设单位不得开工建设。

建设项目经批准后，建设单位应当将施工安排告知黄河河道主管机关。

第十条　在黄河河道上修建桥梁、码头和其他设施，必须按照国家规定的防洪标准确定的河宽进行，不得缩窄行洪通道。

桥梁的梁底必须高于设计洪水位，并按照防洪和航运的要求，留有一定的超高。设计洪水位由黄河河道主管机关根据防洪规划确定。

跨越黄河河道的管道、线路的净空高度必须符合防洪和航运要求。

第四十三条　违反本办法规定，有下列行为之一的，由县级以上黄河河道主管机关责令其纠正违法行为、采取补救措施，并可以按照下列标准处以罚款：

（三）未经批准或者不按照国家规定的防洪标准、工程安全标准整治河道或者修建水工程建筑物和其他设施的，处一万元以上五万元以下罚款。

五、典型案例——Q 省 H 市 P 区交通运输局违法建设 ×× 河 K 大桥案

（一）案情简介

2018 年 5 月，Q 省 H 市 P 区交通运输局在黄河支流 ×× 河 H 市 P 区河段开工建设 K 大桥。该桥设计桥长 86 米，跨径 4×20 米，桥宽 40 米，与两岸防洪堤平交。水政人员巡查发现时，大桥已开始河道内桩基施工，施工围堰占去 ×× 河约 2/3 的行洪

河宽，严重威胁防洪安全。

2018 年 6—9 月，×× 委直属 ×× 水政监察总队向建设单位下达执法检查意见书，P 区水务局下达责令停止水事违法行为通知书。建设单位以桥梁建设是政府工程，有行业主管部门、发改部门的批复文件等为由，拒绝接收相关执法文书，继续违法施工。2018 年 9 月，×× 委联合 Q 省水利厅，对该建设项目进行联合执法检查，建设单位现场负责人仍不配合检查，态度恶劣，直接离开现场。2019 年 4 月，水利部 ×× 司和 ×× 委组成联合督查组，再次对该项目进行执法督查，发现大桥已完成桥梁下部结构施工及河岸砌护等。

×× 委决定对该案挂牌督办。迫于执法威力，建设单位主动到 ×× 委承认错误，表示愿意补办手续。×× 委召开主任办公会议研究，认为 K 大桥未批先建，其工程建设方案存在跨径偏小、与水流夹角过大、施工期间填筑的施工围堰占去 ×× 河约 2/3 的行洪河宽等严重缺陷，严重威胁河道防洪安全。

2019 年 4 月，×× 委下发文件通知 Q 省水利厅，要求依法从严处置。在 ×× 委和 Q 省水利厅督办下，D 市对该违法项目的问题高度重视，5 月 13 日，D 市委书记、总河长签发 1 号河长令，责成 P 区限期拆除大桥。P 区交通运输局于河长令下发的当天组织施工队伍进驻现场，开始违法桥梁的拆除工作。截至 5 月 29 日，共拆除桥台（含承台、耳墙、台柱等）2 个、盖梁 3 个、墩柱 15 个，清除钢筋 108 吨，桥墩柱钢护桶 15 个，水泥混凝土废渣 642 立方米，清理河道围堰 3 916 立方米，修复防洪堤 8.3 立方米，回填植土 1 606 立方米，栽植苗木 700 余株。同时纪检监察部门对建设单位、施工单位有关人员进行了责任追究。至此，经过各方不懈努力，该违法桥梁全部拆除，河道基本恢复原貌，河岸进行了绿化，有效维护了 ×× 河防洪安全和生态安全。

（二）法律分析

该桥在未办理河道管理范围内建设项目审批手续情况下开工建设，违反了《水法》第三十八条第一款“在河道管理范围内建设桥梁、码头和其他拦河、跨河、临河建筑物、构筑物，铺设跨河管道、电缆，应当符合国家规定的防洪标准和其他有关的技术要求，工程建设方案应当依照防洪法的有关规定报经有关水行政主管部门审查同意”和《防洪法》第二十七条第一款“建设跨河、穿河、穿堤、临河的桥梁、码头、道路、渡口、管道、缆线、取水、排水等工程设施，应当符合防洪标准、岸线规划、航运要求和其他技术要求，不得危害堤防安全、影响河势稳定、妨碍行洪畅通；其工程建设方案未经有关水行政主管部门根据前述防洪要求审查同意的，建设单位不得开工建设”的规定。

根据《水法》第六十五条第二款“未经水行政主管部门或者流域管理机构同意，擅自修建水工程，或者建设桥梁、码头和其他拦河、跨河、临河建筑物、构筑物，铺设跨河管道、电缆，且防洪法未作规定的，由县级以上人民政府水行政主管部门或者流域管理机构依据职权，责令停止违法行为，限期补办有关手续；逾期不补办或者补办未被批准的，责令限期拆除违法建筑物、构筑物；逾期不拆除的，强行拆除，所需费用由违法单位或者个人负担，并处一万元以上十万元以下的罚款”和《防洪法》第五十七条“违反本法第二十七条规定，未经水行政主管部门对其工程建设方案审查同意或者未按照有关水行政主管部门审查批准的位置、界限，在河道、湖泊管理范围内从事工程设施建设活动的，责令停止违法行为，补办审查同意或者审查批准手续；工程设施建设严重影响防洪的，责令限期拆除，逾期不拆除的，强行拆除，所需费用由建设单位承担；影响行洪但尚可采取补救措施的，责令限期采取补救措施，可以处一万元以上十万元以下的罚款”的规定，按照快、严、准、狠的原则，×× 委严肃处理了 ×× 河 K 桥违法建设问题，拆除已建的桥墩，清除施工围堰，恢复河道原貌，并追究了相关人员的责任。

（三）典型意义

此次 ×× 河 K 大桥违法建设工程的拆除，进一步提升了流域管理机构和地方水行政主管部门的权威，强化了联合执法机制，也彰显水行政执法和河湖长制联动的成效。Q 省交通厅以该桥的拆除为契机，在全省范围内开展涉河桥梁普查活动，要求未办理水行政许可的项目补办手续，新建桥梁必须依法办理水行政许可手续，Q 省涉河桥梁建设自此驶入依法管理轨道。

第四节　对河道采砂管理的规定

一、《水法》第三十九条

国家实行河道采砂许可制度。河道采砂许可制度实施办法，由国务院规定。

在河道管理范围内采砂，影响河势稳定或者危及堤防安全的，有关县级以上人民政府水行政主管部门应当划定禁采区和规定禁采期，并予以公告。

二、释义

《水法》第三十九条是对河道采砂管理的规定。河道砂石是河床的铺垫层，维系着河势的稳定和河道、堤防的安全，实行有序的采挖，既可以起到疏浚河道的作用，又可以满足经济建设的需要。但在实践中，存在着多个部门管理、体制不顺、职责不清、地方保护主义严重、黑恶势力猖獗等突出问题，致使采砂管理秩序混乱，非法采砂活动屡禁不绝。《水法》中明确了国家实行河道采砂许可制度，授权国务院制定具体的实施办法，并在第七十七条授权国务院规定对违反河道采砂许可制度的行政处罚措施。

三、法律责任

《水法》第七十七条规定："对违反本法第三十九条有关河道采砂许可制度规定的行政处罚，由国务院规定。"

《水法》对河道采砂的管理只是作出了原则性的规定，确立了河道采砂的许可制度，对于更加具体的规定，《水法》授权由国务院制定有关的管理办法，对于违反《水法》第三十九条有关河道采砂许可制度规定的行政处罚，《水法》也授权由国务院规定。目前主要适用的法规是《河道管理条例》。

四、相关法律法规规章

（一）《中华人民共和国刑法》（1979 年发布，2020 年修正）

第三百四十三条　违反矿产资源法的规定，未取得采矿许可证擅自采矿，擅自进入国家规划矿区、对国民经济具有重要价值的矿区和他人矿区范围采矿，或者擅自开采国家规定实行保护性开采的特定矿种，情节严重的，处三年以下有期徒刑、拘役或者管制，并处或者单处罚金；情节特别严重的，处三年以上七年以下有期徒刑，并处罚金。

违反矿产资源法的规定，采取破坏性的开采方法开采矿产资源，造成矿产资源严重破坏的，处五年以下有期徒刑或者拘役，并处罚金。

（二）《最高人民法院、最高人民检察院关于办理非法采矿、破坏性采矿刑事案件适用法律若干问题的解释》（2016 年发布，法释［2016］25 号）

为依法惩处非法采矿、破坏性采矿犯罪活动，根据《中华人民共和国刑法》《中华人民共和国刑事诉讼法》的有关规定，现就办理此类刑事案件适用法律的若干问题解释如下：

第一条　违反《中华人民共和国矿产资源法》《中华人民共和国水法》等法律、行政法规有关矿产资源开发、利用、保护和管理的规定的，应当认定为刑法第三百四十三条规定的"违反矿产资源法的规定"。

第二条　具有下列情形之一的，应当认定为刑法第三百四十三条第一款规定的"未取得采矿许可证"：

（一）无许可证的；

（二）许可证被注销、吊销、撤销的；

（三）超越许可证规定的矿区范围或者开采范围的；

（四）超出许可证规定的矿种的（共生、伴生矿种除外）；

（五）其他未取得许可证的情形。

第三条　实施非法采矿行为，具有下列情形之一的，应当认定为刑法第三百四十三条第一款规定的“情节严重”：

（一）开采的矿产品价值或者造成矿产资源破坏的价值在十万元至三十万元以上的；

（二）在国家规划矿区、对国民经济具有重要价值的矿区采矿，开采国家规定实行保护性开采的特定矿种，或者在禁采区、禁采期内采矿，开采的矿产品价值或者造成矿产资源破坏的价值在五万元至十五万元以上的；

（三）二年内曾因非法采矿受过两次以上行政处罚，又实施非法采矿行为的；

（四）造成生态环境严重损害的；

（五）其他情节严重的情形。

实施非法采矿行为，具有下列情形之一的，应当认定为刑法第三百四十三条第一款规定的“情节特别严重”：

（一）数额达到前款第一项、第二项规定标准五倍以上的；

（二）造成生态环境特别严重损害的；

（三）其他情节特别严重的情形。

第四条　在河道管理范围内采砂，具有下列情形之一，符合刑法第三百四十三条第一款和本解释第二条、第三条规定的，以非法采矿罪定罪处罚：

（一）依据相关规定应当办理河道采砂许可证，未取得河道采砂许可证的；

（二）依据相关规定应当办理河道采砂许可证和采矿许可证，既未取得河道采砂许可证，又未取得采矿许可证的。

实施前款规定行为，虽不具有本解释第三条第一款规定的情形，但严重影响河势稳定，危害防洪安全的，应当认定为刑法第三百四十三条第一款规定的“情节严重”。

（三）《中华人民共和国河道管理条例》（1988年发布，2018年修正）

第二十五条第一项　在河道管理范围内进行下列活动，必须报经河道主管机关批准；涉及其他部门的，由河道主管机关会同有关部门批准：

（一）采砂、取土、淘金、弃置砂石或者淤泥。

第四十条　在河道管理范围内采砂、取土、淘金，必须按照经批准的范围和作业方式进行，并向河道主管机关缴纳管理费。收费的标准和计收办法由国务院水利行政主管部门会同国务院财政主管部门制定。

第四十四条第四项　违反本条例规定，有下列行为之一的，县级以上地方人民政府河道主管机关除责令其纠正违法行为、采取补救措施外，可以并处警告、罚款、没收非法所得；对有关责任人员，由其所在单位或者上级主管机关给予行政处分；构成犯罪的，依法追究刑事责任：

（四）未经批准或者不按照河道主管机关的规定在河道管理范围内采砂、取土、淘金、弃置砂石或者淤泥、爆破、钻探、挖筑鱼塘的。

（四）《中华人民共和国水文条例》（2007年发布，2017年修订）

第三十二条第一项、第二项　禁止在水文监测环境保护范围内从事下列活动：

（一）种植高秆作物、堆放物料、修建建筑物、停靠船只；

（二）取土、挖砂、采石、淘金、爆破和倾倒废弃物。

第四十二条　违反本条例规定，从事本条例第三十二条所列活动的，责令停止违法行为，限期恢复原状或者采取其他补救措施，可以处1万元以下罚款；构成违反治安管理行为的，依法给予治安管理处罚；构成犯罪的，依法追究刑事责任。

（五）《水库大坝安全管理条例》（1991年发布，2018年修订）

第十三条　禁止在大坝管理和保护范围内进行爆破、打井、采石、采矿、挖沙、取土、修坟等危害大坝安全的活动。

第二十九条第二项　违反本条例规定，有下列行为之一的，由大坝主管部门责令其停止违法行为，赔偿损失，采取补救措施，可以并处罚款；应当给予治安管理处罚的，由公安机关依照《中华人民共和国治安管理处罚法》的规定处罚；构成犯罪的，依法追究刑事责任：

（二）在大坝管理和保护范围内进行爆破、打井、采石、采矿、取土、挖沙、修坟等危害大坝安全活动的。

（六）《黄河河口管理办法》

第十六条　在清水沟河道和刁口河故道管理范围内采砂、取土的，应当按照国家有关规定报经黄河水利委员会或者其所属的黄河河口管理机构批准。

在清水沟河道和刁口河故道管理范围内采砂、取土，不得影响河势稳定和危及河道工程安全。黄河水利委员会应当划定禁采区和规定禁采期，并予以公告。

第二十七条　对违反本办法规定的行为，由黄河水利委员会或者其所属的黄河河口管理机构依照有关法律法规的规定采取行政措施，给予行政处罚。

（七）《山东省黄河河道管理条例》（1997年发布，2024年修正）

第二十一条第一项　在黄河河道管理范围内进行下列活动，应当经黄河河道主管机关批准；涉及其他部门的，由黄河河道主管机关会同有关部门批准：

（一）采砂、取土、淘金、弃置砂石或者淤泥。

第二十二条　沿黄河的县级以上人民政府应当采取有效措施，加强对本行政区域内黄河河道采砂活动的管理。

在黄河河道管理范围内采砂应当依法取得采砂许可。禁止在禁采区和禁采期从事采砂活动。

第四十六条　违反本条例规定，未经批准擅自从事下列活动的，由黄河河道主管机关责令其停止违法行为，采取补救措施，并可处以警告、一千元以上五万元以下的罚款；有违法所得的，没收违法所得：

（一）采砂、取土、淘金、弃置砂石或者淤泥。

（八）《河南省湿地保护条例》（2015 年发布）

第二十五条第三项　在湿地保护范围内禁止下列行为：

（三）擅自采砂、取土、采矿。

第三十九条第一款第二项、第二款　违反本条例第二十五条规定，有下列行为之一的，由县级以上人民政府湿地主管部门或相关部门按照下列规定处以罚款；有违法所得的，没收违法所得；造成损失的，依法予以赔偿；构成犯罪，依法追究刑事责任。

（二）擅自采砂、取土的，责令停止违法行为，并处每立方米二百元以上五百元以下罚款。

县级以上人民政府湿地主管部门，可以在其法定权限内，依法委托具备《中华人民共和国行政处罚法》规定条件的湿地管理机构实施行政处罚；建立湿地自然保护区的，由湿地自然保护区管理机构给予处罚。

（九）《河南省黄河河道管理办法》（1992 年发布，2017 年修订）

第二十四条第一项　在黄河河道管理范围内进行下列活动，必须报经黄河河道主管机关批准；涉及其他部门的，由黄河河道主管机关会同有关部门批准：

（一）采砂、取土。

第四十三条第四项　违反本办法规定，有下列行为之一的，由县级以上黄河河道主管机关责令其纠正违法行为、采取补救措施，并可以按照下列标准处以罚款：

（四）未经批准或者不按照河道主管机关的规定在河道管理范围内采砂的，处一万元以上五万元以下罚款；取土、爆破、钻探的，处五千元以上一万元以下罚款；挖筑鱼塘的，每平方米处五十元以上一百元以下罚款，但罚款金额最高不超过五万元。

五、典型案例——宋某某在 H 省 ×× 市 ×× 县黄河河道禁采区非法采砂案

（一）案情简介

2018 年 12 月 17 日，H 省 ×× 市 ×× 县河务局水政监察人员在巡查中发现，×× 县 ×× 乡 ×× 村黄河河段有采砂船 1 艘，临主河行洪区 30 米处有砂场 1 处，当日采砂约 100 立方米。经现场检查询问，系宋某某未取得采砂许可证进行非法抽砂。水政监察人员现场留置下达了《责令停止违法行为通知书》。为防止继续偷采，×× 县河务局组织人员拆除了该砂场所有输砂管道。

（二）调查处理

2018 年 12 月 18 日，×× 县河务局依法对该案立案调查。现场勘验后，组织人员对该砂场重点监控。12 月 20 日，水政监察人员蹲守至 23 时，未发现砂场人员进行采砂、运砂作业。

12月21日，×× 县河务局再次对该砂场检查，并比对之前痕迹，发现该砂场疑似于21日凌晨进行了偷采。12月22日上午，该局水政监察人员对现场进行勘验，在组织人员拆除非法采砂设备和采砂管道时，遭到非法采砂当事人宋某某阻拦。宋某某承认其负责组织非法采砂的事实。经了解，宋某某共组织4名采砂工人，采取与水政监察人员“捉迷藏”的形式，分别在夜间和凌晨，钻空子进行偷采作业。

12月23日，×× 县河务局水政监察人员在水政监察大队办公室依法对宋某某进行询问调查。宋某某承认其未经河道主管机关批准，组织工人于12月17日、20日夜间和22日凌晨通过租用的采砂船在 ×× 黄河大桥下游3千米范围内（属禁采区）非法采砂并堆放至砂场。

通过前期调查取证，现场砂石数量较多，涉嫌非法采矿罪。基于此情况，×× 县河务局分别委托相关单位进行砂石方量测量和砂石价格认定工作。经 ×× 信息技术有限公司测量，涉案的抽砂场内存有砂土堆面积4 881.8平方米，砂土堆体积4 453立方米。经 ×× 县价格认证中心认定，2018年12月21日黄河河道内面砂的平均价格为30元每立方米，所抽河砂价值共计133 590元。

2019年1月31日，×× 县河务局依法将宋某某违法采砂案移交 ×× 县公安局 ×× 乡派出所处理。当事人宋某某因涉嫌犯非法采矿罪于2019年2月1日被 ×× 县公安局刑事拘留；3月8日被 ×× 县公安局逮捕。

3月30日，同案嫌疑犯杨某某被 ×× 县公安局 ×× 派出所民警传唤到案。杨某某因涉嫌犯非法采矿罪，于2019年3月31日被 ×× 县公安局刑事拘留；6月3日，×× 县人民法院决定对其逮捕。

×× 县人民检察院以新原检一部刑诉〔2019〕8号起诉书指控被告人宋某某、杨某某犯非法采矿罪，于2019年6月3日向 ×× 县人民法院提起公诉。

2019年9月3日，×× 县人民法院以非法采矿罪对其判决如下：一、被告人宋某某犯非法采矿罪，判处有期徒刑八个月，缓刑一年，并处罚金三万元；二、被告人杨某某犯非法采矿罪，判处有期徒刑十个月，缓刑一年，并处罚金五万元；三、扣押在案的作案工具采砂船一条、管道二根，对非法开采的4 453立方米黄河面砂依法予以没收。

（三）法律分析

当事人宋某某违法采砂的行为违反了《河南省黄河河道管理办法》第二十四条第一项“在黄河河道管理范围内进行下列活动，必须报经黄河河道主管机关批准；涉及其他部门的，由黄河河道主管机关会同有关部门批准：（一）采砂、取土”的规定，且当事人违法现场位于 ×× 县黄河河道管理范围内，×× 县河务局有权立案查处。

根据 ×× 县价格认定中心的报告，当事人宋某某违法采砂的砂石价值为人民币133 590元，涉嫌构成非法采矿罪。根据《最高人民法院、最高人民检察院关于办理非法采矿、破坏性采矿刑事案件适用法律若干问题的解释》（法释〔2016〕25号）和《河南省高级人民法院、河南省人民检察院关于确定我省非法采矿罪、破坏性采矿罪数额标准的通知》（豫高法〔2017〕340号）相关规定，×× 县河务局依法移交给 ×× 县公安机关查处，严格执行了《中华人民共和国行政处罚法》（2017年修正）第七条第二款“违法行为构成犯罪，应当依法追究刑事责任，不得以行政处罚代替刑事处罚”的规定。

《中华人民共和国刑法》（简称《刑法》）第三百四十三条第一款规定：“违反矿产资源法的规定，未取得采矿许可证擅自采矿，擅自进入国家规划矿区、对国民经济具有重要价值的矿区和他人矿区范围采矿，或者擅自开采国家规定实行保护性开采的特定矿种，情节严重的，处三年以下有期徒刑、拘役或者管制，并处或者单处罚金；情节特别严重的，处三年以上七年以下有期徒刑，并处罚金。”根据《最高人民法院、最高人民检察院关于办理非法采矿、破坏性采矿刑事案件适用法律若干问题的解释》（法释〔2016〕25号）第四条的规定，本案应当认定为《刑法》规定的“情节严重”。

（四）典型意义

本案是 ×× 市黄河违法采砂宣判非法采矿罪的第一案。×× 河务局水政监察人员在案件前期调查中遭遇诸多困难，但依然完成了案件前期调查工作；同时积极和地方公安、检察部门做好对接，对移送案卷规范有了清楚的认识，规范整理案卷移送材料，确保了本案顺利移交。

本案查处过程中适逢 ×× 市黄河总河长、×× 市长签发《关于开展黄河非法采砂专项整治行动的令》的时机，同时 ×× 市委书记、×× 市主管副市长先后对黄河河道采砂整治工作进行督导。×× 河务局 ×× 县河务局借此时机，实现了违法采砂案件移交工作的突破，切实推进了行政执法与刑事司法的衔接。

本案的宣判，对当地违法采砂行为形成了有力威慑，有效维护了黄河河道行洪安全和水生态环境；本案的查处对 ×× 黄河滩区群众也起到了良好的教育作用，维护了水行政执法的权威。

第五节　对围垦河道、湖泊的限制性规定

一、《水法》第四十条

禁止围湖造地。已经围垦的，应当按照国家规定的防洪标准有计划地退地还湖。

禁止围垦河道。确需围垦的，应当经过科学论证，经省、自治区、直辖市人民政府水行政主管部门或者国务院水行政主管部门同意后，报本级人民政府批准。

二、释义

《水法》第四十条是对围垦河道、湖泊的限制性规定。

湖泊具有调蓄洪水的功能，河道是行洪的通道，维护湖泊、河道的自然功能，对保障防洪安全具有重要意义。但长期以来，随着人类生产和社会发展，忽视对自然生态的保护，与水争地，擅自围湖造地，盲目围垦河道的现象比较普遍。围垦湖泊、河道的目的是造地，进行生产和建设，但却占据了调蓄洪水的场所，束窄了行洪通道，加重了防洪负担，加大了洪水损失，其结果是破坏了资源与环境，并最终损害了人类自身。河湖防洪能力的下降是造成防洪形势紧张的重要原因之一。为此，1998年长江大水后，国家实施了退田还湖政策，目的就是要保护自然生态，保护湖泊调蓄洪水的功能。

本条规定，禁止围湖造地，已经围垦的，要按照国家规定的防洪标准有计划地退地还湖。禁止围垦河道，因生产和社会发展确需围垦的，也要从严管理，即要进行科学论证，不仅要考虑经济和社会发展，还要考虑保护环境和资源，不仅要考虑眼前，还要考虑长远，经省、自治区、直辖市人民政府水行政主管部门同意，并报政府批准后，方可进行。

三、法律责任

《水法》第六十六条规定，有下列行为之一，且《防洪法》未作规定的，由县级以上人民政府水行政主管部门或者流域管理机构依据职权，责令停止违法行为，限期清除障碍或者采取其他补救措施，处一万元以上五万元以下的罚款：（二）围湖造地或者未经批准围垦河道的。

行为人实施了《水法》第四十条规定的违法行为，且《防洪法》未作处罚规定的，依据《水法》第六十六条规定：

（1）责令停止违法行为。县级以上人民政府水行政主管部门或者流域管理机构责令违法行为人停止围湖造地或者未经批准围垦河道的违法行为。

（2）限期清除障碍或者采取其他补救措施。由县级以上人民政府水行政主管部门或者流域管理机构向违法行为人发出处罚通知，责令违法行为人在一定的期限内清除障碍或者采取其他的补救措施。违法行为人在接到责令限期清除障碍或者采取其他补救措施的行政处罚后，应当在规定的期限内清除障碍或采取相应的补救措施。

（3）罚款。由县级以上人民政府水行政主管部门或者流域管理机构强制围湖造地或者未经批准围垦河道的违法行为人缴纳一定数量货币的行政处罚。《水法》第六十六规定的罚款幅度是一万元以上五万元以下，罚款的具体数额由县级以上人民政府水行政主管部门或者流域管理机构根据当事人的违法行为的具体情况决定。

四、相关法规规章

（一）《中华人民共和国河道管理条例》（1988 年发布，2018 年修正）

第二十七条　禁止围湖造田。已经围垦的，应当按照国家规定的防洪标准进行治理，逐步退田还湖。湖泊的开发利用规划必须经河道主管机关审查同意。

禁止围垦河流，确需围垦的，必须经过科学论证，并经省级以上人民政府批准。

第四十四条第六项　违反本条例规定，有下列行为之一的，县级以上地方人民政府河道主管机关除责令其纠正违法行为、采取补救措施外，可以并处警告、罚款、没收非法所得；对有关责任人员，由其所在单位或者上级主管机关给予行政处分；构成犯罪的，依法追究刑事责任：

（六）违反本条例第二十七条的规定，围垦湖泊、河流的。

（二）《水库大坝安全管理条例》（1991 年发布，2018 年修订）

第十五条　禁止在大坝的集水区域内乱伐林木、陡坡开荒等导致水库淤积的活动。禁止在库区内围垦和进行采石、取土等危及山体的活动。

第二十九条第四项　违反本条例规定，有下列行为之一的，由大坝主管部门责令其停止违法行为，赔偿损失，采取补救措施，可以并处罚款；应当给予治安管理处罚的，由公安机关依照《中华人民共和国治安管理处罚法》的规定处罚；构成犯罪的，依法追究刑事责任：

（四）在库区内围垦的。

（三）《河南省湿地保护条例》（2015 年发布）

第二十五条第二项　在湿地保护范围内禁止下列行为：

（二）围垦湿地、填埋湿地。

第三十九条第一项　违反本条例第二十五条规定，有下列行为之一的，由县级以上人民政府湿地主管部门或相关部门按照下列规定处以罚款；有违法所得的，没收违法所得；造成损失的，依法予以赔偿；构成犯罪，依法追究刑事责任。

（一）围垦、填埋湿地的，责令停止违法行为、限期恢复原状，并处每平方米五十元以上一百元以下罚款。

（四）《山东黄河三角洲国家级自然保护区条例》（2017 年发布）

第十六条第四项　除法律法规另有规定的以外，禁止任何单位和个人在自然保护区内进行下列活动：

（四）围垦、填埋、占用湿地或者建设盐场等。

第三十三条第一款第三项　违反本条例规定，有下列情形之一的，由自然保护区管理机构按照下列规定予以处罚；构成犯罪的，依法追究刑事责任：

（三）围垦、填埋、占用湿地或者建设盐场等的，责令停止违法行为，限期恢复原状或者采取其他补救措施；对自然资源和自然环境造成破坏的，处每平方米十元以上三十元以下的罚款。

（五）《上海市河道管理条例》（1997年发布，2016年修正）

第二十五条　禁止擅自填堵河道。

确因建设需要填堵河道的，建设单位应当委托具有相应资质的水利规划设计单位进行规划论证，并报市人民政府批准。

填堵河道需要实施水系调整的，所需经费由建设单位承担。

经批准填堵河道的，建设单位在施工前，应当按照本条例第十九条的规定办理施工审核手续。

第四十一条　违反本条例规定，擅自填堵河道的，由市水务执法总队或者区（县）河道行政主管部门责令其限期改正或者采取其他补救措施，并可处以一万元以上五万元以下的罚款。

五、典型案例——S市某房地产发展有限公司未经批准填堵河道案

（一）案情简介

2008年12月9日，××水利执法队执法人员在××区××镇执法检查时，发现位于××区××镇××河以南、××路以北、××南路以东的某项目开发地块内2条无名河道被填堵。

该项目开发地块于2006年××区发改委批复立项，土地是由××区房地局出让给S市某房地产发展有限公司（简称甲房地产公司），并由该公司开发。该项目共分2期实施，1期项目建设从2006年3月开始实施，于2007年10月结束。

经查实，该项目开发地块内的2条无名河道系被甲房地产公司因1期项目建设实施填堵，具体是由该公司委托相关施工单位组织实施，共计填堵河道面积7 900平方米，填堵河道自2005年12月起至2006年2月实施完毕。

甲房地产公司填堵上述地块内的2条无名河道前，未办理任何填堵河道的相关审批手续。

××水利执法队于2008年12月9日对此立案调查，并分别于2009年2月25日、4月3日对此案进行了审查，认定当事人实施未经批准填堵河道的行为违反了《上海市河道管理条例》（2006年修正）第二十七条第一款的规定，依据《上海市河道管理条例》（2006年修正）第四十三条及《中华人民共和国行政处罚法》，最终决定对其作出了如下处理：责令其限期于2009年5月30日前到水行政主管部门补办填堵河道相关审批手续；处罚款人民币四万元；按水行政主管部门要求，根据水系调整相关原则退还水面积，平衡水系。

（二）法律分析

1. 对违法行为状态的认定

借鉴《最高人民法院行政审判庭关于如何计算土地违法行为追诉时效的答复》（〔1997〕法行字第26号）的规定："对非法占用土地的违法行为，在未恢复原状之前，应视为具有继续状态。"当事人虽在2006年2月将该项目开发地块内的河道填堵完毕，但其实施填堵河道的行为始终未经水行政主管部门批准，既未恢复河道原状又未采取过其他补救措施。因此，×× 水利执法队认定当事人实施填堵河道的违法行为即"未经水行政主管部门批准"是其违法的主要特征，该行为未改正前属于违法行为的继续状态。

2. 对违法行为追诉时效起算点的计算

根据《中华人民共和国行政处罚法》规定："前款规定的期限，从违法行为发生之日起计算；违法行为有连续或者继续状态的，从行为终了之日起计算"，当事人实施未经批准填堵河道的违法行为在没有采取任何补救措施的前提下属于违法继续状态，对其行政处罚追诉时效应当从行为终了之日起计算，即从当事人补办填堵河道手续、恢复河道原状或采取其他补救措施的次日开始计算。此案中，当事人实施未经批准填堵河道的行为持续到 ×× 水利执法队执法人员对其进行执法检查时仍处于违法状态，故 ×× 水利执法队认为当事人的行政处罚在《中华人民共和国行政处罚法》规定的追诉时效两年内。当事人实施未经批准填堵河道的行为违反了《上海市河道管理条例》的规定，×× 水利执法队有权依法责令其限期改正或者采取其他补救措施，并可处一万以上十万以下的罚款处罚。

（三）典型意义

随着社会法制化进程的不断推进，公民的法律意识越来越强，法律素养也越来越高。在本案调查初期，当事人虽然承认其实施未经批准填堵河道的行为，但是认为其违法行为在2006年已经实施完毕，超出《中华人民共和国行政处罚法》规定的追诉时效两年，行政机关不得给予行政处罚。执法人员通过法条研究、案例借鉴，带着充分的论证对当事人进行宣传教育，纠正了当事人错误的认识，明确其违法行为的继续性，促使当事人主动配合执法人员调查并接受行政处罚。

在水行政执法实践中，经常发现有些河道被擅自填堵的情况，有些违法行为实施距今已有数年。对于此类案件是否还有溯及力的理论观点有很多，也存在着许多分歧。本案中有人认为当事人实施未经批准填堵河道的行为在两年追诉期以外，不能给予行政处罚，也有人认为当事人实施填堵河道的违法行为属违法状态的继续，可给予行政处罚。

第六节　单位和个人保护水工程设施的义务

一、《水法》第四十一条

单位和个人有保护水工程的义务，不得侵占、毁坏堤防、护岸、防汛、水文监测、水文地质监测等工程设施。

二、释义

《水法》第四十一条是对单位和个人有保护水工程设施的义务的规定。

依照本条规定，保护水工程是每个单位和全体公民都应当履行的法律义务。堤防、护岸、防汛等工程设施是保护河道、保障防洪安全的重要工程设施，水文监测、水文地质监测设施是国家重要的基础设施。为了维护国家财产安全，保证水文工作正常开展，《水法》作出规定，任何单位和个人都不得侵占和毁坏以上工程设施，否则将依照本法第七十二条的规定追究其法律责任。

三、法律责任

《水法》第七十二条第一项规定，有下列行为之一，构成犯罪的，依照《刑法》的有关规定追究刑事责任；尚不够刑事处罚，且防洪法未作规定的，由县级以上地方人民政府水行政主管部门或者流域管理机构依据职权，责令停止违法行为，采取补救措施，处一万元以上五万元以下的罚款；违反治安管理处罚法的，由公安机关依法给予治安管理处罚；给他人造成损失的，依法承担赔偿责任：（一）侵占、毁坏水工程及堤防、护岸等有关设施，毁坏防汛、水文监测、水文地质监测设施的。

如果行为人实施了《水法》第四十一条规定的违法行为，即侵占、毁坏水工程及堤防、护岸等有关设施，毁坏防汛、水文监测、水文地质监测设施的，就应当承担《水法》第七十二条第一项规定的法律责任，包括刑事法律责任、行政法律责任和民事法律责任。

（一）刑事法律责任

如果行为人实施了本条规定的违法行为构成犯罪的，应当依照《刑法》的有关规定追究其刑事责任。

《刑法》第一百一十四条规定："放火、决水、爆炸以及投放毒害性、放射性、传染病病原体等物质或者以其他危险方法危害公共安全，尚未造成严重后果的，处三年以上十年以下有期徒刑。"

《刑法》第一百一十五条规定："放火、决水、爆炸以及投放毒害性、放射性、传染病病原体等物质或者以其他危险方法致人重伤、死亡或者使公私财产遭受重大损失的，处十年以上有期徒刑、无期徒刑或者死刑。

过失犯前款罪的，处三年以上七年以下有期徒刑；情节较轻的，处三年以下有期徒刑或者拘役。”

就本条而言，主要是适用有关决水罪和过失决水罪的规定：

（1）决水罪，是指故意利用水的破坏作用，制造水患，危害公共安全的行为，构成此罪须具备以下要件：①客观方面实施了决水行为。“决水”是指使受到控制的水的自然力解放出来，造成水的泛滥的行为，决水的方法可以是作为也可以是不作为；所解放的水可以是河流中的水，也可以是贮存的水。②主体是已满16周岁，具有刑事责任能力的自然人。③主观方面只能是故意。

（2）过失决水罪，是指过失造成水患，危害公共安全，致人重伤、死亡或者使公私财产遭受重大损失的行为，构成此罪须具备以下要件：①客观方面要求引起了水患，致人重伤、死亡或者使公私财产遭受重大损失，仅有造成水患的行为但没有造成严重后果的，不能构成过失决水罪。②主观方面只能是过失。

（二）行政法律责任

按照《水法》第七十二条规定，实施了《防洪法》规定的违法行为之一，尚不构成犯罪的，且《防洪法》未作规定的，应当承担《水法》第七十二条规定的行政法律责任。《水法》第七十二条规定的行政法律责任有责令停止违法行为、采取补救措施、罚款和给予治安管理处罚四种，除给予治安管理处罚由公安机关行使外，其他处罚由县级以上地方人民政府水行政主管部门或者流域管理机构依据职权行使。

（1）责令停止违法行为。县级以上人民政府水行政主管部门或者流域管理机构在行政执法中，发现并确认违法行为人侵占、毁坏水工程及堤防、护岸、防汛、水文监测、水文地质监测设施的行为后，责令违法行为人停止正在进行的违法行为。

（2）责令采取补救措施。由县级以上人民政府水行政主管部门或者流域管理机构责令违法行为人在停止其违法行为后采取补救措施，弥补因其违法行为所造成的损害。违法行为人在接到限期采取补救措施的行政处罚后，应当立即采取补救措施。

（3）罚款。由县级以上人民政府水行政主管部门或者流域管理机构根据本条的规定，强制对侵占、毁坏水工程及堤防、护岸、防汛、水文监测、水文地质监测设施的违法行为人缴纳一定数量的货币的行政处罚。根据《水法》第七十二条的规定，可以对违法行为人单处罚款。罚款的幅度为一万元以上五万元以下。罚款的数额，由县级以上人民政府水行政主管部门或者流域管理机构根据违法行为的性质、情节和造成的后果等具体情况决定。

（4）给予治安管理处罚。公安机关对实施了《水法》第七十二条规定的违法行为尚不构成犯罪的违法行为人，依据《中华人民共和国治安管理处罚法》的规定对其给予治安管理处罚。

《中华人民共和国治安管理处罚法》（简称《治安管理处罚法》）第三十三条第一项规定，违法行为人盗窃、损毁油气管道设施、电力电信设施、广播电视设施、水利防汛工程设施或者水文监测、测量、气象测报、环境监测、地质监测、地震监测等公共设施的，公安机关可以对其处以十日以上十五日以下拘留。

《中华人民共和国治安管理处罚法》第二十六条第三项规定，违法行为人强拿硬要或者任意损毁、占用公私财物的，公安机关可以对其处以十日以上十五日以下拘留，可以并处一千元以下罚款。

需要注意的是，如果针对同一违法行为，公安机关已经对违法行为人作出治安管理处罚，则有关行政主管部门不能再因同一违法行为对违法行为人处以其他行政处罚；反之亦然。这体现了行政处罚中“一事不再罚”的原则。所谓一事不再罚，是指针对行政相对人的一个违法行为不能给予多次的处罚。

（三）民事法律责任

对于实施了本条规定的违法行为，给他人造成损失的，应当依照有关民事法律承担赔偿责任。承担民事损害赔偿责任，一般应当具备以下条件：

（1）行为人的不正当行为给他人的正常活动造成了实际损失；

（2）违法行为人造成的损害与其不正当行为之间有因果关系；

（3）符合有关法律应当追究民事责任的情形。

损害赔偿责任可以由有关行政主管部门以调解的方式要求违法行为人承担，受害人也可以提起民事诉讼，请求人民法院判决违法行为人承担损害赔偿责任。

四、相关法规规章

（一）《中华人民共和国河道管理条例》（1988 年发布，2018 年修正）

第二十二条　禁止损毁堤防、护岸、闸坝等水工程建筑物和防汛设施、水文监测和测量设施、河岸地质监测设施以及通信照明等设施。

在防汛抢险期间，无关人员和车辆不得上堤。

因降雨雪等造成堤顶泥泞期间，禁止车辆通行，但防汛抢险车辆除外。

第四十一条　任何单位和个人，凡对堤防、护岸和其他水工程设施造成损坏或者造成河道淤积的，由责任者负责修复、清淤或者承担维修费用。

第四十五条第一项　违反本条例规定，有下列行为之一的，县级以上地方人民政府河道主管机关除责令纠正违法行为、赔偿损失、采取补救措施外，可以并处警告、罚款；应当给予治安管理处罚的，按照《中华人民共和国治安管理处罚法》的规定处罚；构成犯罪的，依法追究刑事责任：

（一）损毁堤防、护岸、闸坝、水工程建筑物，损毁防汛设施、水文监测和测量设施、河岸地质监测设施以及通信照明等设施。

（二）《中华人民共和国水文条例》（2007 **年发布，**2017 **年修订**）

第二十九条　国家依法保护水文监测设施。任何单位和个人不得侵占、毁坏、擅自移动或者擅自使用水文监测设施，不得干扰水文监测。

第四十一条　违反本条例规定，侵占、毁坏水文监测设施或者未经批准擅自移动、擅自使用水文监测设施的，责令停止违法行为，限期恢复原状或者采取其他补救措施，可以处 5 万元以下罚款；构成违反治安管理行为的，依法给予治安管理处罚；构成犯罪的，依法追究刑事责任。

（三）《山东省黄河河道管理条例》（1997 **年发布，**2024 **年修正**）

第二十条第五项　在黄河河道管理范围内禁止从事下列活动：

（五）损坏黄河工程上的防汛设施、远程监控设施、水文监测和测量设施、标志桩以及通信等附属设施。

第四十五条　违反本条例第二十条第一至五项规定的，由黄河河道主管机关责令其停止违法行为，采取补救措施，并可处以一千元以上五万元以下的罚款。

违反本条例第二十条第六项规定的，由生态环境主管部门依照环境保护法律、法规的规定处理。

（四）《河南省黄河河道管理办法》（1992 **年发布，**2017 **年修订**）

第二十一条　禁止损毁堤防、护岸、闸坝等水工程建筑物和防汛设施、水文监测和测量设施、河岸地质监测设施以及通信照明等设施。

第三十七条第一款　任何单位和个人，凡对堤防、护岸和其他水工程设施造成损坏或者造成河道淤积的，由责任者负责修复、清淤或者承担维修费用。

第四十三条第七项　违反本办法规定，有下列行为之一的，由县级以上黄河河道主管机关责令其纠正违法行为、采取补救措施，并可以按照下列标准处以罚款：

（七）损毁堤防、护岸、闸坝等水工程建筑物和防汛设施、水文监测和测量设施、河岸地质监测设施以及通信照明等设施的，处一万元以上五万元以下罚款。

五、典型案例——王某忠、王某红、王某连盗窃 ×× 水文站水文设施案

（一）案情简介

×××× 年 4 月 8 日晚，×× 水文站高水浮标投放器右岸支架，被犯罪分子锯断后盗窃。该支架位于 G 省 J 县 J 乡 S 村滩地，支架直径 15 厘米，高 20 米，重 480 千克，价值 4 228 元。支架的被盗，严重影响 ×× 水文站水文测报工作的正常进行。

×× 水文站工作人员发现支架被盗后，于 4 月 9 日向当地派出所报案。但水文站职工和 ×× 水资源局水政人员并不完全依赖派出所，奔走于水文站周围的村庄，决心查出盗窃设施的犯罪分子。功夫不负有心人，在 5 月 17 日查找到了可靠线索后，立即向 J 县公安局汇报。县公安局刑警队根据水文职工提供的线索，派员立即赶到犯罪

嫌疑人所在的G省J县J乡S村，连续作战四个昼夜（5月18—21日），将盗窃、毁损××水文站高水浮标投放支架的王某忠、王某红、王某连3名犯罪嫌疑人抓获。5月30日，J县公安局提请J县人民检察院批准逮捕。6月3日，J县人民检察院核准依法逮捕3名罪犯。7月2日，J县人民检察院向J县人民法院提起公诉，8月12日，J县人民法院公开开庭审理，并作出判决：王某忠被判处有期徒刑二年；王某红被判处有期徒刑二年六个月；王某连被判处有期徒刑一年六个月。判决作出后，三名被告均未上诉，判决发生法律效力。

（二）法律分析

王某忠、王某红、王某连盗窃××水文站水文设施的行为违反了《水法》第四十一条“单位和个人有保护水工程的义务，不得侵占、毁坏堤防、护岸、防汛、水文监测、水文地质监测等工程设施”的规定。

根据《水法》第七十二条第一项“有下列行为之一，构成犯罪的，依照刑法的有关规定追究刑事责任；尚不够刑事处罚，且防洪法未作规定的，由县级以上地方人民政府水行政主管部门或者流域管理机构依据职权，责令停止违法行为，采取补救措施，处一万元以上五万元以下的罚款；违反治安管理处罚法的，由公安机关依法给予治安管理处罚；给他人造成损失的，依法承担赔偿责任：（一）侵占、毁坏水工程及堤防、护岸等有关设施，毁坏防汛、水文监测、水文地质监测设施”和《刑法》第三百二十三条“故意破坏国家边境的界碑、界桩或者永久性测量标志的，处三年以下有期徒刑或者拘役”的规定，违法当事人均被判处有期徒刑。

（三）典型意义

××水文水资源局依据法律法规规定及时依法将案件移交地方公安、司法部门，积极提供准确可靠线索，为破案争取了宝贵时间。

本案表明水法规的学习的重要性，水文职工应要学《水法》及其他水法规，用法律来保护自己合法权益，促进各项工作。水文职工应积极为公安、司法部门提供案情线索、证据，并积极配合、协助依法处理，严厉打击犯罪，以达到震慑犯罪分子、教育群众的目的。

通过人民法院依法审理本案件，向社会各个层面宣传和弘扬了新时代的治水理念，营造了良好的法治环境和氛围。

第七节　划定水工程管理和保护范围

一、《水法》第四十三条

国家对水工程实施保护。国家所有的水工程应当按照国务院的规定划定工程管理和保护范围。

国务院水行政主管部门或者流域管理机构管理的水工程，由主管部门或者流域管理机构商有关省、自治区、直辖市人民政府划定工程管理和保护范围。

前款规定以外的其他水工程，应当按照省、自治区、直辖市人民政府的规定，划定工程保护范围和保护职责。

在水工程保护范围内，禁止从事影响水工程运行和危害水工程安全的爆破、打井、采石、取土等活动。

二、释义

《水法》第四十三条是对划定水工程管理和保护范围的规定。

水工程因其重要性，划定一定的管理范围和保护范围，并对管理范围和保护范围内的行为作出一定的限制是必要的，目的是保障水工程的安全。水工程管理和保护范围的划定权限，根据水工程的管理权限确定。国家所有的水工程依照国务院的规定划定管理和保护范围；国务院水行政主管部门或者流域管理机构管理的水工程的管理和保护范围，由主管部门或者流域管理机构商有关省、自治区、直辖市人民政府划定；其他水工程，按照省级人民政府的规定划定管理和保护范围。此外，本条第四款对水工程保护范围内的禁止性活动作出了规定。在水工程保护范围内进行爆破、打井、采石、取土等活动将使水工程的功能降低或者丧失，不仅会带来经济损失，如果使堤坝、护岸等具有防洪抗汛功能的水工程造成损毁，还会给人民生命财产安全造成重大威胁。

三、法律责任

《水法》第七十二条第二项规定，有下列行为之一，构成犯罪的，依照《刑法》的有关规定追究刑事责任；尚不够刑事处罚，且《防洪法》未作规定的，由县级以上地方人民政府水行政主管部门或者流域管理机构依据职权，责令停止违法行为，采取补救措施，处一万元以上五万元以下的罚款；违反治安管理处罚法的，由公安机关依法给予治安管理处罚；给他人造成损失的，依法承担赔偿责任：（二）在水工程保护范围内，从事影响水工程运行和危害水工程安全的爆破、打井、采石、取土等活动的。

如果行为人实施了《水法》第四十三条第四款规定的违法行为，即在水工程保护范围内，从事爆破、打井、采石、取土等影响水工程运行和危害水工程安全的活动的，就应当承担《水法》第七十二条规定的法律责任，包括刑事法律责任、行政法律责任和民事法律责任。

（一）刑事法律责任

如果行为人实施了本条规定的违法行为构成犯罪的，应当依照《刑法》的有关规定追究其刑事责任。

《刑法》第一百一十四条规定："放火、决水、爆炸以及投放毒害性、放射性、传染病病原体等物质或者以其他危险方法危害公共安全，尚未造成严重后果的，处三年以上十年以下有期徒刑。"

《刑法》第一百一十五条规定："放火、决水、爆炸以及投放毒害性、放射性、传染病病原体等物质或者以其他危险方法致人重伤、死亡或者使公私财产遭受重大损失的，处十年以上有期徒刑、无期徒刑或者死刑。

过失犯前款罪的，处三年以上七年以下有期徒刑；情节较轻的，处三年以下有期徒刑或者拘役。"

就本条而言，主要是适用有关决水罪和过失决水罪的规定：

（1）决水罪，是指故意利用水的破坏作用，制造水患，危害公共安全的行为，构成此罪须具备以下要件：①客观方面实施了决水行为。"决水"是指使受到控制的水的自然力解放出来，造成水的泛滥的行为，决水的方法可以是作为也可以是不作为；所解放的水可以是河流中的水，也可以是贮存的水。②主体是已满16周岁，具有刑事责任能力的自然人。③主观方面只能是故意。

（2）过失决水罪，是指过失造成水患，危害公共安全，致人重伤、死亡或者使公私财产遭受重大损失的行为，构成此罪须具备以下要件：①客观方面要求引起了水患，致人重伤、死亡或者使公私财产遭受重大损失，仅有造成水患的行为但没有造成严重后果的，不能构成过失决水罪。②主观方面只能是过失。

（二）行政法律责任

按照《水法》第七十二条规定，实施了《水法》规定的违法行为之一，尚不构成犯罪的，且《防洪法》未作规定的，应当承担《水法》第七十二条规定的行政法律责任。《水法》第七十二条规定的行政法律责任有责令停止违法行为、采取补救措施、罚款和给予治安管理处罚四种，除给予治安管理处罚由公安机关行使外，其他处罚由县级以上地方人民政府水行政主管部门或者流域管理机构依据职权行使。

（1）责令停止违法行为。县级以上人民政府水行政主管部门或者流域管理机构在行政执法中，发现并确认违法行为人在水工程保护范围内，从事爆破、打井、采石、取土等影响水工程运行和危害水工程安全活动的行为后，责令违法行为人停止正在进行的违法行为。

（2）责令采取补救措施。由县级以上人民政府水行政主管部门或者流域管理机构责令违法行为人在停止其违法行为后采取补救措施，弥补因其违法行为所造成的损害。违法行为人在接到限期采取补救措施的行政处罚后，应当立即采取补救措施。

（3）罚款。由县级以上人民政府水行政主管部门或者流域管理机构根据《水法》第七十二条的规定，强制对在水工程保护范围内，从事爆破、打井、采石、取土等影响水工程运行和危害水工程安全的活动的违法行为人缴纳一定数量的货币的行政处罚。根据《水法》第七十二条的规定，可以对违法行为人单处罚款。罚款的幅度为一万元以上五万元以下。罚款的数额，由县级以上人民政府水行政主管部门或者流域管理机构根据违法行为的性质、情节和造成的后果等具体情况决定。

（4）给予治安管理处罚。公安机关对实施了《水法》第七十二条规定的违法行为尚不构成犯罪的违法行为人，依据《中华人民共和国治安管理处罚法》的规定对其给予治安管理处罚。

《中华人民共和国治安管理处罚法》第三十三条第一项规定，违法行为人盗窃、损毁油气管道设施、电力电信设施、广播电视设施、水利防汛工程设施或者水文监测、测量、气象测报、环境监测、地质监测、地震监测等公共设施的，公安机关可以对其处以十日以上十五日以下拘留。

《中华人民共和国治安管理处罚法》第二十六条第三项规定，违法行为人强拿硬要或者任意损毁、占用公私财物的，公安机关可以对其处以五日以上十日以下拘留，可以并处五百元以下罚款；情节较重的，处十日以上十五日以下拘留，可以并处一千元以下罚款。

需要注意的是，如果针对同一违法行为，公安机关已经对违法行为人作出治安管理处罚，则有关行政主管部门不能再因同一违法行为对违法行为人处以其他行政处罚；反之亦然。这体现了行政处罚中“一事不再罚”的原则。所谓一事不再罚，是指针对行政相对人的一个违法行为不能给予多次的处罚。

（三）民事法律责任

对于实施了本条规定的违法行为，给他人造成损失的，应当依照有关民事法律承担赔偿责任。承担民事损害赔偿责任，一般应当具备以下条件：

（1）行为人的不正当行为给他人的正常活动造成了实际损失；

（2）违法行为人造成的损害与其不正当行为之间有因果关系；

（3）符合有关法律应当追究民事责任的情形。

损害赔偿责任可以由有关行政主管部门以调解的方式要求违法行为人承担，受害人也可以提起民事诉讼，请求人民法院判决违法行为人承担损害赔偿责任。

四、相关法规规章

（一）《中华人民共和国河道管理条例》（1988年发布，2018年修正）

第二十六条　根据堤防的重要程度、堤基土质条件等，河道主管机关报经县级以上人民政府批准，可以在河道管理范围的相连地域划定堤防安全保护区。在堤防安全保护区内，禁止进行打井、钻探、爆破、挖筑鱼塘、采石、取土等危害堤防安全的活动。

第四十五条　违反本条例规定，有下列行为之一的，县级以上地方人民政府河道主管机关除责令纠正违法行为、赔偿损失、采取补救措施外，可以并处警告、罚款；

应当给予治安管理处罚的，按照《中华人民共和国治安管理处罚法》的规定处罚；构成犯罪的，依法追究刑事责任：

（一）损毁堤防、护岸、闸坝、水工程建筑物，损毁防汛设施、水文监测和测量设施、河岸地质监测设施以及通信照明等设施；

（二）在堤防安全保护区内进行打井、钻探、爆破、挖筑鱼塘、采石、取土等危害堤防安全的活动的；

（三）非管理人员操作河道上的涵闸闸门或者干扰河道管理单位正常工作的。

（二）《山东省黄河河道管理条例》（1997 年发布，2024 年修正）

第三十二条　沿黄河的县级以上人民政府应当在黄河河道管理范围的相连地域划定堤防安全保护区，其范围为临河护堤地以外五十米，背河护堤地以外一百米。

在堤防安全保护区内禁止打井、钻探、爆破、挖塘、采石、取土等危害堤防安全的活动。

第四十七条第三项　违反本条例规定，有下列行为之一的，由黄河河道主管机关责令其限期改正，采取补救措施，并可处以警告、一千元以上五万元以下的罚款；有违法所得的，没收违法所得：

（三）在堤防安全保护区内打井、钻探、爆破、挖塘、采石、取土的。

（三）《山东省黄河工程管理办法》（2005 年发布，2018 年修订）

第二十六条　在堤防安全保护区内，禁止取土、采砂、爆破、打井、钻探、挖沟、挖塘、建窑、建房、修筑水库、葬坟、开山采矿、堆放垃圾或者进行其他危害堤防安全的活动。

第三十六条　违反本办法规定，在堤防安全保护区内取土、采砂、爆破、打井、钻探、挖沟、挖塘、建窑、建房、修筑水库、葬坟、开山采矿、堆放垃圾的，由黄河河务行政主管部门责令其限期改正或者恢复原貌，给予警告；情节严重的，可处以 100 元以上 5 000 元以下的罚款；造成损失的，应当依法予以赔偿。

（四）《河南省黄河河道管理办法》（1992 年发布，2017 年修订）

第二十五条　黄河河道堤防安全保护区的范围是：黄河堤脚外临河五十米，背河一百米；沁河堤脚外临河三十米，背河五十米。

库区范围均为安全保护区。

在黄河河道堤防安全保护区内，禁止进行打井、钻探、爆破、开渠、挖窖、挖筑鱼塘、采石、取土等危害堤防安全的活动。

第四十三条第八项　违反本办法规定，有下列行为之一的，由县级以上黄河河道主管机关责令其纠正违法行为、采取补救措施，并可以按照下列标准处以罚款：

（八）在堤防安全保护区内进行打井、钻探、爆破、开渠、挖窖、挖筑鱼塘、采石、取土等危害堤防安全活动的，处一万元以上五万元以下罚款。

五、典型案例——×× 河堤防安全保护区非法采砂案

（一）案情简介

×××× 年 2 月 6 日，×× 河务局在巡查时，在 N 村 ×× 河河道临河堤防安全保护区内发现新增存砂。经调查，系 D 县 N 村人孙某某所为。×× 河务局随即对其立案查处。受新冠疫情防控影响，调查工作延期开展。在此期间，×× 派出所在存砂点周围布置警戒线将砂堆封存。

3 月 2 日，×× 河务局立案调查。同日，向当事人孙某某、王某某下达了调查（询问）通知书。3 月 3 日，执法人员分别对两位当事人进行了询问，并制作了询问笔录。当事人孙某某承认其在 ×× 河河道内非法采砂 70 立方米，留待自用，并未出售；王某某承认其在孙某某要求下协助采砂装车的事实，但并未牟利。当日下午，执法人员再次前往采砂现场和存砂地点进行勘验，制作了现场检查（勘验）笔录。经勘验，本案采砂坑位于 ×× 河道滩地，距离堤防护堤地 30 ～ 48 米，属于堤防安全保护区内，现场开采量为 70 立方米。当事人孙某某承认其非法采砂价值大约 7 000 元，确认了非法采砂的位置、数量、去向等，并签字确认。

3 月 6 日，执法人员向孙某某下达了《责令限期改正通知书》，责令其采取补救措施，将违法采砂破坏的堤坡、滩地予以修复，消除对堤防安全的影响。当事人对堤坡进行了修复，基本消除了对堤防的影响；但涉案存砂被政府封存，采砂坑无法恢复原状，对河滩的影响未能消除。3 月 10 日，执法人员向孙某某下达了《责令限期改正认定书》。

3 月 11 日，执法人员填写了《行政处罚事先告知审批表》，拟对孙某某处以罚款 1 000 元的行政处罚，不对王某某处以行政处罚，经逐级审核后同意。3 月 12 日，执法人员向孙某某下达《行政处罚事先告知书》，向王某某下达《不予行政处罚决定书》。

3 月 16 日，经法制审核同意对当事人处以罚款 1 000 元的行政处罚。3 月 17 日，执法人员向当事人下达《行政处罚决定书》，并告知其享有的权利。3 月 18 日，当事人持缴款码去银行缴纳了罚款，未在法定时间内提起行政复议和诉讼。该案结案。

（二）法律分析

当事人孙某某的行为违反了《山东省黄河河道管理条例》第三十二条第二款“在堤防安全保护区内禁止打井、钻探、爆破、挖塘、采石、取土等危害堤防安全的活动”的规定。

依据《山东黄河水行政处罚自由裁量权参照执行标准》中“对河道管理范围内违法建设及从事影响防洪安全的各类活动的处罚”和“对危害堤防安全的活动、非管理人员操作涵闸闸门、干涉涵闸正常运用的处罚”，均属于不予罚款的等次。当事人孙某某采砂量不足 100 立方米，及时停止违法行为，且未对堤防安全造成明显影响。结合实际情况来看，孙某某采砂量虽然相对不大，但砂价值较高；采砂地点位于堤防安

全保护区之内，距离护堤地界桩 30 米，采砂、运砂对河道滩地及堤坡造成一定破坏，危害堤防安全；且在疫情防控期间，利用监管漏洞偷盗砂资源，造成不良社会影响。综合考量，应当从重或加重处罚。

若依据《山东省黄河工程管理办法》第三十六条规定："情节严重的，可处以 100 元以上 5 000 元以下的罚款"，罚款下限低，给予罚款数额过高不恰当。若依据《山东省黄河河道管理条例》第四十七条规定："并可处以警告、一千元以上五万元以下的罚款"，显然更符合实际。结合《山东黄河水行政处罚自由裁量权参照执行标准》，最终决定给予孙某某罚款一千元的行政处罚，并责令其改正违法行为。

当事人孙某勇出于朋友情谊，在孙某某邀请帮忙后协助其采砂装车，并未牟利，没有主观违法意图，未造成较大危害和不良影响，情节轻微，依据《山东省黄河河道管理条例》第四十六条第一款和《山东黄河水行政处罚自由裁量权参照执行标准》，不予行政处罚，口头教育，加强普法。

（三）典型意义

孙某某的非法采砂行为，反映了大汶河下游盗采砂资源的演变历程。近年来，随着最高人民法院、最高人民检察院《关于办理非法采矿、破坏性采矿刑事案件适用法律若干问题的解释》的出台，河务、公安、综合执法等部门联合打击非法采砂的深入，大汶河流域大规模的非法采砂现象已经消失。但砂资源价格居高不下，沿河群众或出于自身需求，或出于牟利心理，用三轮车时不时去河里挖一车砂，甚至小规模囤砂售砂，也造成了砂资源的严重流失。

通过本案的查处，一是避免了当事人对河道的进一步破坏，保障了河道安全；二是对当地群众起到了警示警戒作用，避免了类似案件的再次发生；三是程序严谨规范，体现了依法惩处的严肃性。

第五章　水资源配置和节约使用

第一节　制定年度水量分配方案和调度计划

一、《水法》第四十六条

县级以上地方人民政府水行政主管部门或者流域管理机构应当根据批准的水量分配方案和年度预测来水量，制定年度水量分配方案和调度计划，实施水量统一调度；有关地方人民政府必须服从。

国家确定的重要江河、湖泊的年度水量分配方案，应当纳入国家的国民经济和社会发展年度计划。

二、释义

《水法》第四十六条是关于制定年度水量分配方案和调度计划的规定。

水量分配方案制定的基础是来水量，而来水量的多少受到大气降雨的影响。因为每年大气降雨量是不同的，所以每年的来水量也是不同的。因此，水量分配方案中的水量是一个多年平均的水量，每年随着来水量的不同，其可分配的水量也是一个变化的量，而不是一成不变的。所以，各流域机构、各省、市、县人民政府水行政主管部门，每年都应当根据批准的本流域或者本行政区域的水量分配方案和本年度预测来水量，制定本流域或者本行政区域的年度水量分配方案和调度计划。跨省的年度水量分配方案和调度计划，由流域管理机构根据批准的水量分配方案和年度预测来水量制定；跨市的年度水量分配方案和调度计划，由省行政主管部门根据批准的水量分配方案和年度预测来水量制定；跨县的，则由市水行政主管部门根据上述原则制定。

水量调度计划，是指对根据经批准的水量分配方案和年度预测来水量制定的年度水量分配方案，将既定水资源在不同的时间段及行政区域的科学分配。县级以上地方人民政府水行政主管部门和流域管理机构，根据制定的年度水量分配方案和调度计划，实施水量调度，有关地方人民政府必须服从；否则，负有责任的主管人员和其他直接责任人员要承担相应的责任。本法第七十五条规定，拒不服从水量统一调度的，对负有责任的主管人员和其他直接责任人员依法给予行政处分。

国家确定的重要的江河、湖泊的年度水量分配方案，如黄河、海河等重要江河的水量分配由于水资源非常短缺，事关流域内经济社会的可持续发展，应当纳入国家的国民经济和社会发展的年度计划，将水资源作为同生产要素一样纳入计划管理。本条第二款作了明确规定。

三、法律责任

《水法》第七十五条第一项、第二项规定，不同行政区域之间发生水事纠纷，有下列行为之一的，对负有责任的主管人员和其他直接责任人员依法给予行政处分：（一）拒不执行水量分配方案和水量调度预案的；（二）拒不服从水量统一调度的。

如果行为人实施了《水法》第四十六条规定的违法行为，依据《水法》第七十五条第一项、第二项规定，对负有责任的主管人员和其他直接责任人员依法给予行政处分。具体给予违法行为人何种处分，由其任免单位、监察机关根据不同情况依法作出。

四、相关法规规章、规范性文件

（一）《黄河水量调度条例》（2006年发布）

第四条　黄河水量调度计划、调度方案和调度指令的执行，实行地方人民政府行政首长负责制和黄河水利委员会及其所属管理机构以及水库主管部门或者单位主要领导负责制。

第五条　国务院水行政主管部门和国务院发展改革主管部门负责组织、协调、监督、指导黄河水量调度工作。

黄河水利委员会依照本条例的规定负责黄河水量调度的组织实施和监督检查工作。

有关县级以上地方人民政府水行政主管部门和黄河水利委员会所属管理机构，依照本条例的规定负责所辖范围内黄河水量调度的实施和监督检查工作。

第七条　黄河水量分配方案，由黄河水利委员会商十一省区市人民政府制订，经国务院发展改革主管部门和国务院水行政主管部门审查，报国务院批准。

国务院批准的黄河水量分配方案，是黄河水量调度的依据，有关地方人民政府和黄河水利委员会及其所属管理机构必须执行。

第三十五条　违反本条例规定，有下列行为之一的，对负有责任的主管人员和其他直接责任人员，由其上级主管部门、单位或者监察机关依法给予处分：

（一）不制订年度水量调度计划的；

（二）不及时下达月、旬水量调度方案的；

（三）不制订旱情紧急情况下的水量调度预案及其实施方案和动用水库死库容水量调度方案的。

第三十六条　违反本条例规定，有下列行为之一的，对负有责任的主管人员和其他直接责任人员，由其上级主管部门、单位或者监察机关依法给予处分；造成严重后果，构成犯罪的，依法追究刑事责任：

（一）不执行年度水量调度计划和下达的月、旬水量调度方案以及实时调度指令的；

（二）不执行旱情紧急情况下的水量调度预案及其实施方案、水量调度应急处置措施和动用水库死库容水量调度方案的；

（三）不履行监督检查职责或者发现违法行为不予查处的；

（四）其他滥用职权、玩忽职守等违法行为。

（二）《国务院办公厅转发国家计委和水电部关于黄河可供水量分配方案报告的通知》（国办发［1987］61号）

青海、四川、甘肃、陕西、宁夏、内蒙古、山西、河南、山东、天津、河北省、自治区、直辖市人民政府，国务院有关部门：

国家计委、水电部《关于黄河可供水量分配方案的报告》已经国务院原则同意，现转发给你们，请贯彻执行。

建国以来，黄河流域工农业发展迅速，生产和生活用水大量增加。自七十年代以来，黄河下游河段经常断流，已影响生产的发展和生活的需要。目前，各地考虑“四化”建设发展而提出的用水量超过了黄河可能共给的水量。黄河流域地处干旱、半干旱地区，黄河本身水少沙多，除需保持一定的冲砂入海水量外，能够提供的水量难以全部满足各地的要求，水资源的供需矛盾日趋突出。要解决好黄河流域用水问题，必须做到统筹兼顾、合理安排，实行计划用水、节约用水。希望各有关省、自治区、直辖市从全局出发，大力推行节水措施，以黄河可供水量分配方案为依据，制定各自的用水规划，并把这项规划与各地的国民经济发展计划紧密联系起来，以取得更好的综合经济效益。

国务院办公厅

一九八七年九月十一日

关于黄河可供水量分配方案的报告

国务院：

黄河流域干旱缺水，黄河上中游的兰州至三门峡河段（涉及甘、宁、蒙、陕、晋五省、区）缺水尤为严重，60%～70%的地区年降水量在四百毫米以下，20%左右的地区年降水量不足二百毫米，人均水资源量为三百二十立方米，是全国平均量的八分之一，亩均水资源量一百一十立方米，为全国平均量的十六分之一。当前，甘、陕、晋三省和宁夏南部山区，农田灌溉率较低，经常干旱成灾。西安、太原等工业城市在河川流量日益减少的情况下，过量开采地下水，使地下水位漏斗不断扩大，地面不断下沉。以山西为中心的能源基地大部分位于黄河流域，工农业需水量较大，水资源的供需矛盾更加突出。黄河下游地区人口稠密，工农业生产比较集中，亩均水资源量仅一百五十立方米，人均水资源量不到二百六十立方米。目前，在河南、山东两省引黄灌溉用水的高峰时期，山东下游河段经常断流，从一九七一年至一九八六年，其中有十年发生断流，累计断流一百三十天。

黄河流域多年平均河川径流量为五百八十亿立方米（含花园口以下二十亿立方米）。解放初期，沿黄各省（区）每年引用黄河水量约六十亿至八十亿立方米；八十年代初，每年引用水量为二百五十亿至二百八十亿立方米。三十多年增加了二百亿立方米左右，约占黄河总径流量的35%。今后随着工农业生产的进一步发展，引用水量将继续上升，上下游用水的矛盾也将日益尖锐。

黄河下游河道是举世闻名的地上河，黄河下游多年平均来沙量为十六亿吨，每年入海泥沙十二亿吨左右，河道淤积约四亿吨，因而造成河床与洪水位逐年抬高，洪水威胁愈来愈大。随着工农业和城市用水量的增加，将进一步减少入海水量，从而使河道淤积日趋严重。为了黄河治理和防洪的需要，必须留有一定的输沙入海水量，尽可能保持每年淤积不大于四亿吨的水平，才不致加速下游河道的恶化。据有关部门多次测算，为了保证河道淤积量每年不大于四亿吨，至少需要冲沙水量二百亿至二百四十亿立方米（这一部分水量主要是汛期洪水，大部分无法利用）。因此，黄河天然径流量五百八十亿立方米中，可引用的水量不过三百六十亿立方米左右。

一九八三年，沿黄各省（区、市）向黄委会提出二〇〇〇年的需水量为七百四十七亿立方米，超出黄河可供分配水量一倍以上。一九八六年，各地对需水量压缩后，提出需水量为六百亿立方米，仍大大超过黄河的可供水量。为此，必须根据统筹兼顾、全面安排的原则，解决好上下游的用水矛盾。

黄河水利委员会自七十年代以来，做了大量的调查研究工作，提出了沿黄各省（区、市）用水现状及发展趋势的预测。一九八三年七月，水电部召开黄河水资源评价与综合利用审议会，参加会议的有沿黄各省（区、市）和国务院有关部委的同志，这次会议对黄河水量分配问题，提出了初步建议。一九八四年八月，在全国计划会议上，国家计委就水电部报送的《黄河河川径流量的预测和分配的初步意见》，约请同黄河水量分配关系密切的十二个省（区、市）计委和水电、石油、建设、农业等部门的同志座谈，调整并提出了在南水北调工程生效前黄河可供水量分配方案。方案如下：

地区	青海	四川	甘肃	宁夏	内蒙古	陕西	山西	河南	山东	河北	天津	合计
年耗水量（亿立方米）	14.1	0.4	30.4	40.0	58.6	38.0	43.1	55.4	70.0	20.0		370.0

上述方案以一九八〇年实际用水量为基础，认真研究了有关省（区、市）的灌溉发展规模、工业和城市用水增长以及大中型水利工程兴建的可能性，黄河流域总引用水量比一九八〇年增加40%以上。其中：山西省因能源基地发展的需要，增加用水量50%以上；宁夏、内蒙古自治区当前农业用水较多（但有效利用率不高，今后主要应在节水中求发展）增加用水量10%左右；河北省、天津市今后一个时期需从黄河引水接济，分配用水量二十亿立方米。其他沿黄各省（区）一般增加用水量约30%～40%。

这一分水方案已经考虑了黄河最大可能的供水量，沿黄各省（区、市）必须从这一实际出发，组织和发展节水型生产，以此分水方案为依据，规划工农业生产和城市生活用水，安排建设项目不要超出水量分配方案，以免因水源无法落实而造成不能正常生产。只有共同遵守并执行水量分配方案，才能减少上下游之间的用水矛盾，使黄河水资源得到合理利用，获得较好的经济效益、生态效益和社会效益。

上述水量分配方案，是按黄河正常年份水量制订的，今后还需要根据不同的水情逐年作出合理的调度安排。

从长远看，为了适应沿黄各省（区、市）经济建设和人民生活发展的用水要求，从长江流域调水是必要的。当前除了积极推进南水北调东线工程建设外，要尽早开展中线、西线南水北调工程的科研和前期工作。

以上报告如无不妥，请批转有关省、自治区、直辖市和有关部门贯彻执行。

国家计委

水利电力部

一九八七年八月二十九日

（三）《取水许可管理办法》（2008年发布，2017年修正）

第三十三条　流域管理机构应当会同有关省、自治区、直辖市人民政府水行政主管部门制定国家确定的重要江河、湖泊的流域年度水量分配方案和年度取水计划，并报水利部备案。

县级以上地方人民政府水行政主管部门应当根据上一级地方人民政府水行政主管

部门或者流域管理机构下达的年度水量分配方案和年度取水计划，制定本行政区域的年度水量分配方案和年度取水计划，并报上一级人民政府水行政主管部门或者流域管理机构备案。

第四十条第一款　县级以上地方人民政府水行政主管部门和流域管理机构按照管理权限，负责所辖范围内的水量调度工作。

第二节　实施取水许可制度和水资源有偿使用制度的范围和对象

一、《水法》第四十八条

直接从江河、湖泊或者地下取用水资源的单位和个人，应当按照国家取水许可制度和水资源有偿使用制度的规定，向水行政主管部门或者流域管理机构申请领取取水许可证，并缴纳水资源费，取得取水权。但是，家庭生活和零星散养、圈养畜禽饮用等少量取水的除外。

实施取水许可制度和征收管理水资源费的具体办法，由国务院规定。

二、释义

《水法》第四十八条是关于实施取水许可制度和水资源有偿使用制度的范围和对象的规定。

取水许可制度和水资源有偿使用制度，是水资源管理中两项非常重要的制度。我国是人均水资源非常紧缺的国家，而且水资源时间和空间分布非常不均匀，与土地、矿产等资源不匹配。实施取水许可制度和水资源有偿使用制度，有利于水资源统一管理，有利于国家对水资源的有效控制、合理配置，有利于促进水资源的合理开发和高效利用，有利于遏制用水浪费，保护取水权人的用水权益，促进水资源的节约、保护和可持续利用。

取水许可制度是国家基于水资源的所有者和管理者的双重身份，授权水行政主管部门或者流域管理机构代表国家对直接从江河、湖泊或者地下取用水资源的单位和个人进行审查许可其取水的一项制度。2006 年国务院制定的《取水许可和水资源费征收管理条例》均规定了国家对直接从地下或者江河、湖泊取水的，实行取水许可制度。

水资源有偿使用制度是国家基于水资源的所有者和管理者的双重身份，为实现所有者权益，保障水资源的可持续利用，对直接取用江河、湖泊或者地下水资源的单位和个人征收水资源费的一种制度。在本条中规定将征收水资源费的范围，扩大到所有的江河、湖泊或者地下。另外，在第一章总则第七条也作了原则规定。

本条规定直接从江河、湖泊或者地下取用水资源的单位和个人，应当按照国家取水许可制度和水资源有偿使用制度的规定，向水行政主管部门或者流域管理机构申请领取取水许可证，并缴纳水资源费，取得取水权。但是，家庭生活和零星散养、圈养畜禽饮用等少量取水的除外。除外规定，是指以家庭为取水单位的，为了自己家庭生活和少量散养、圈养畜禽的取水，而不包括家庭办的养殖场取水和自来水厂为居民生活供水而取水的行为。对于未经批准擅自取水的；未按照批准的取水许可规定条件取水的或拒不缴纳、拖延缴纳或者拖欠水资源费的，《水法》第六十九条和第七十条均规定了相应的法律责任。实施取水许可制度和征收管理水资源费的具体办法将由国务院规定。

三、法律责任

（一）未经批准擅自取水以及未依照批准的取水许可规定条件取水所应承担的法律责任

《水法》第六十九条规定，有下列行为之一的，由县级以上人民政府水行政主管部门或者流域管理机构依据职权，责令停止违法行为，限期采取补救措施，处二万元以上十万元以下的罚款；情节严重的，吊销其取水许可证：（一）未经批准擅自取水的；（二）未依照批准的取水许可规定条件取水的。

如当事人违反了《水法》第四十八条的规定，应当承担《水法》第六十九条规定的法律责任，由县级以上人民政府水行政主管部门或者流域管理机构依据职权对违法行为人给予行政处罚，处罚的方式有以下几种：

（1）责令停止违法行为。县级以上人民政府水行政主管部门或者流域管理机构在行政执法中，发现并确认违法行为人有未经批准擅自取水的或者未依照批准的取水许可规定条件取水的行为后，责令违法行为人停止正在进行的违法取水行为。

（2）限期采取补救措施。由县级以上人民政府水行政主管部门或者流域管理机构责令违法行为人在一定的期限内采取补救措施，如补办取水许可证或者修改取水许可规定条件等。违法行为人在接到限期采取补救措施的行政处罚后，应当在规定的期限内采取补救措施。

（3）罚款。由县级以上人民政府水行政主管部门或者流域管理机构强制未经批准擅自取水的或者未依照批准的取水许可规定条件取水的违法行为人缴纳一定数量货币的行政处罚。根据本条规定，可以对违法行为人单处罚款。《水法》第六十九条规定的罚款幅度是二万元以上十万元以下，罚款的具体数额由县级以上人民政府水行政主管部门或者流域管理机构根据当事人违法行为的具体情况决定。

（4）吊销取水许可证。县级以上人民政府水行政主管部门或者流域管理机构以行政处罚的方式，使违法行为人原先依法取得取水许可证归于无效。按照《水法》第六十九条的规定，只有违法情节严重时，有关行政主管部门才能够对违法行为人处以吊销取水许可证的行政处罚。何谓情节严重，《水法》第六十九条并未明确规定，通常是指违法行为人多次未依照批准的取水许可规定条件取水，经有关行政主管部门多次处罚仍然不改，造成社会影响恶劣等情形。

（二）拒不缴纳、拖延缴纳或者拖欠水资源费所应承担的法律责任

《水法》第七十条规定，拒不缴纳、拖延缴纳或者拖欠水资源费的，由县级以上人民政府水行政主管部门或者流域管理机构依据职权，责令限期缴纳；逾期不缴纳的，从滞纳之日起按日加收滞纳部分千分之二的滞纳金，并处应缴或者补缴水资源费一倍以上五倍以下的罚款。

如当事人违反了《水法》第四十八条的规定，应当承担《水法》第七十条规定的法律责任，行政处罚的方式有以下几种：

（1）责令限期缴纳。由县级以上人民政府水行政主管部门或者流域管理机构责令违法行为人在一定的期限内缴纳水资源费。违法行为人在接到限期缴纳的行政处罚后，应当在规定的期限内向有关行政主管部门缴纳水资源费。

（2）加收滞纳金。对在有关行政主管部门责令的期限内仍拒不缴纳或者拖延缴纳水资源费的违法行为人，由县级以上人民政府水行政主管部门或者流域管理机构对其处以加收滞纳金的行政处罚，收取滞纳金的标准为从滞纳之日起按日加收滞纳部分2‰的滞纳金。滞纳之日，即应当缴纳水资源费而未缴纳的当日。

（3）罚款。由县级以上人民政府水行政主管部门或者流域管理机构强制未在规定的期限内补缴水资源费的违法行为人缴纳一定数量货币的行政处罚。根据《水法》第七十条规定，不能对违法行为人单处罚款，只有违法行为人在有关行政主管部门责令的期限内仍拒不缴纳水资源费的情况下，与加收滞纳金的处罚一并执行。《水法》第七十条规定的罚款标准是应缴或者补缴水资源费1倍以上5倍以下的罚款。罚款的具体数额，由县级以上人民政府水行政主管部门或者流域管理机构根据当事人违法行为的具体情况，以应缴或者补缴水资源费作为基数，在此基数1倍至5倍范围内决定，但加收的滞纳金不应计算在基数内。

四、相关法规规章

（一）《取水许可和水资源费征收管理条例》（2006年发布，2017年修订）

第三十二条　水资源费缴纳数额根据取水口所在地水资源费征收标准和实际取水量确定。

水力发电用水和火力发电贯流式冷却用水可以根据取水口所在地水资源费征收标准和实际发电量确定缴纳数额。

第四十八条　未经批准擅自取水，或者未依照批准的取水许可规定条件取水的，

依照《中华人民共和国水法》第六十九条规定处罚；给他人造成妨碍或者损失的，应当排除妨碍、赔偿损失。

第五十条　申请人隐瞒有关情况或者提供虚假材料骗取取水申请批准文件或者取水许可证的，取水申请批准文件或者取水许可证无效，对申请人给予警告，责令其限期补缴应当缴纳的水资源费，处2万元以上10万元以下罚款；构成犯罪的，依法追究刑事责任。

第五十一条　拒不执行审批机关作出的取水量限制决定，或者未经批准擅自转让取水权的，责令停止违法行为，限期改正，处2万元以上10万元以下罚款；逾期拒不改正或者情节严重的，吊销取水许可证。

第五十四条　取水单位或者个人拒不缴纳、拖延缴纳或者拖欠水资源费的，依照《中华人民共和国水法》第七十条规定处罚。

第五十六条　伪造、涂改、冒用取水申请批准文件、取水许可证的，责令改正，没收违法所得和非法财物，并处2万元以上10万元以下罚款；构成犯罪的，依法追究刑事责任。

（二）《取水许可管理办法》（2008 年发布，2017 年修正）

第三十一条　流域管理机构审批的取水，可以委托其所属管理机构或者取水口所在地省、自治区、直辖市人民政府水行政主管部门实施日常监督管理。

县级以上地方人民政府水行政主管部门审批的取水，可以委托其所属具有管理公共事务职能的单位或者下级地方人民政府水行政主管部门实施日常监督管理。

五、典型案例——某纺织有限公司擅自取水案

（一）案情简介

2017 年 5 月 31 日，接群众举报，某纺织有限公司有取用地表水用于工业生产的情况。×× 市水政监察大队立即组织执法人员对该纺织公司进行检查。经现场查看和了解，已查明该纺织公司西南侧厂房内有抽水泵 2 台，其中 1 台属备用水泵，另 1 台有水管通往厂房西侧 ×× 港内正在抽取河水用于该公司的工业生产，且该公司并未办理工业取水许可。正在抽取河水的水泵上铭牌标有 100 立方米每小时。

2017 年 5 月 31 日下午 ×× 水政监察大队执法人员在做完现场取证工作后，随即对该公司负责人作笔录，并责令该公司立即停止向河道内取水。2017 年 6 月 1 日 ×× 区水利局向该公司下发整改通知书（×× 水罚责改通字〔2017〕第 20 号），要求其停止取水，并在七日内采取补救措施；2017 年 8 月 7 日下发行政处罚事先告知书（×× 水罚先告字〔2017〕第 5 号），拟对该公司进行人民币五万元罚款，并书面告知该公司有提出书面陈述、申辩和举行听证的权利。当事人随即书面表示放弃听证的权利并愿意接受相关处罚。2017 年 8 月 24 日下发行政处罚决定书（×× 水罚决字〔2017〕第

4号），决定对该公司处以人民币五万元罚款。2017年9月8日该公司在规定时间内向××市××区非税收入管理中心征收专户缴纳罚款，此案结案。

（二）法律分析

某纺织公司未取得取水许可，在河道内用抽水泵抽取河水用于工业生产，属于未经批准擅自取水的非法行为。一是未经批准。根据《水法》第四十八条规定，直接从江河、湖泊或者地下取用水资源的单位和个人，应当按照国家取水许可制度和水资源有偿使用制度的规定，向水行政主管部门或者流域管理机构申请领取取水许可证，并缴纳水资源费，取得取水权。经调查，该公司并未向当地水行政主管部门申请取得取水许可证。二是用于工业生产。根据国务院《取水许可和水资源费征收管理条例》第二条规定：取用水资源的单位和个人，除本条例第四条规定的情形外，都应当申请领取取水许可证，并缴纳水资源费。该公司取水用途是工业生产，并未符合该条款规定。三是根据《水法》第六十九条规定，有下列行为之一的，由县级以上人民政府水行政主管部门或者流域管理机构依据职权，责令停止违法行为，限期采取补救措施，处二万元以上十万元以下的罚款；情节严重的，吊销其取水许可证：（一）未经批准擅自取水的。四是此类取水案件的主要处罚依据是取水泵的取水能力。经过执法人员调查取证，认定该公司用于取水的水泵取水能力是100立方米每小时。五是根据《××市××区水行政处罚裁量权实施标准（修订稿）》第三章第三十二条对未经批准擅自取水的裁量权规定，第四款：取地表水能力在每小时80立方米以上100立方米以下、浅层地下水30吨以上50吨以下，在规定期限内停止违法行为，采取补救措施的，处五万元以上七万元以下的罚款；第五款：在规定的期限内拒不停止违法行为、不采取补救措施的，或者取地表水能力在每小时100立方米以上、浅层地下水50立方米以上的，处七万元以上十万元以下的罚款。

根据抽水泵的实际抽水能力100立方米每小时，由于法律规定“以上”“以下”是包含本数，而自由裁量权规定中的100立方米每小时既可以就下（五万元以上七万元以下），也可以就上（七万元以上十万以下），出于法律溯及力“从旧兼从轻”原则和“有利于当事人”原则，故处罚区间认定为五万元以上七万元以下。

鉴于该纺织公司的未经批准擅自取水的违法行为，经过××区水行政部门的主要负责人、分管副局长、执法大队长、办案人员的合议，认为可以在处罚区间内从轻处罚。一是该公司负责人认错态度良好，积极提供相关资料，配合执法人员现场取证。二是当事人在案发当天随即停止取水，封闭取水泵，并在第二天及时向县级水行政主管部门提出取水申请。三是该公司足额缴纳前期因未办理取水许可证而向河道内抽水的费用。此三点符合法律规定的可以从轻原则和自由裁量权规定。

第三节 节水设施与主体工程之间“三同时”制度和供水设施的维护管理

一、《水法》第五十三条

新建、扩建、改建建设项目，应当制订节水措施方案，配套建设节水设施。节水设施应当与主体工程同时设计、同时施工、同时投产。

供水企业和自建供水设施的单位应当加强供水设施的维护管理，减少水的漏失。

二、释义

《水法》第五十三条第一款规定了所有的新建、扩建、改建建设项目，都要制订节水措施方案，包括工程措施。工程措施就是指配套建设节水设施。节水设施应当与主体工程同时设计、同时施工并同时投产运用。不能主体工程建成投入使用了，节水设施没有建成或者节水设施没有达到国家规定的要求；否则，要承担《水法》第七十一条规定的法律责任。建设项目的节水设施没有建成或者没有达到国家规定的要求即擅自投入使用要承担相应的法律责任。当建设项目的节水设施未能竣工并投产时，该建设项目不能先行投入使用，擅自投入使用的行为属于违法行为，违法行为人将承担相应的法律责任。此外，建设项目的节水设施没有达到国家规定的要求即擅自投入使用的行为也是违法行为，违法行为人将承担相应的法律责任。

本条第二款规定了供水企业和自建供水设施的单位应当加强供水设施的维护管理，减少水的漏失。目前，我国供水企业的输水工程包含渠道和管道，都存在着大量的跑、冒、滴、漏，既有工程自身的渗漏，也有管理上的渗漏，水资源浪费严重。因此，要实行严格的水资源管理制度，必须依靠科技进步和市场机制，提高水资源的利用率。进一步增强节约水资源的观念，把节约水资源放在首位，加强供水设施的维护管理，减少水的漏失，是所有供水企业和自建供水设施单位义不容辞的责任。

三、法律责任

《水法》第七十一条规定：“建设项目的节水设施没有建成或者没有达到国家规定的要求，擅自投入使用的，由县级以上人民政府有关部门或者流域管理机构依据职权，责令停止使用，限期改正，处五万元以上十万元以下的罚款。”

当建设项目的节水设施未能竣工时，该建设项目不能先行投入使用，擅自投入使用的行为属于违法行为，违法行为人将承担相应的法律责任。此外，建设项目的节水设施没有达到国家规定的要求即擅自投入使用的行为也是违法行为，违法行为人将承担相应的法律责任。

行为人违反了《水法》第五十三条第一款的规定，依据《水法》第七十一条规定，应当由县级以上人民政府有关部门或者流域管理机构依据职权对违法行为人给予行政处罚。这里讲的有关部门是指具体负责节水工作的部门，行政处罚有三种形式：

（1）责令停止使用。县级以上人民政府有关部门或者流域管理机构在对建设项目的节水设施建设的监督工作中，发现并确认违法行为人在建设项目的节水设施没有建成或者没有达到国家规定的要求就将该建设项目擅自投入使用的行为后，责令违法行为人停止违法行为。

（2）责令限期改正。县级以上人民政府有关部门或者流域管理机构在对建设项目的节水设施建设的监督工作中，发现并确认违法行为人在建设项目的节水设施没有建成或者没有达到国家规定的要求就将该建设项目擅自投入使用的行为后，责令违法行为人在一定期限内纠正其违法行为，如加快节水设施建设或者改善节水设施等。违法行为人在接到责令限期改正的行政处罚后，应当在规定的期限改正其违法行为。

（3）罚款。由县级以上人民政府有关部门或者流域管理机构强制建设项目的节水设施没有建成或者没有达到国家规定的要求的前提下，将该建设项目擅自投入使用的违法行为人缴纳一定数量的货币的行政处罚。根据《水法》第七十一条的规定，县级以上人民政府有关部门或者流域管理机构可对违法行为人单处罚款，罚款的幅度为五万元以上、十万元以下。罚款的数额由县级以上人民政府有关部门或者流域管理机构根据违法行为的性质、情节和造成的后果等具体情况决定。

四、相关规章

《取水许可管理办法》（2008 年发布，2017 年修正）：

第二十二条　取水工程或者设施建成并试运行满 30 日的，申请人应当向取水审批机关报送以下材料，申请核发取水许可证：

（一）建设项目的批准或者核准文件；

（二）取水申请批准文件；

（三）取水工程或者设施的建设和试运行情况；

（四）取水计量设施的计量认证情况；

（五）节水设施的建设和试运行情况；

（六）污水处理措施落实情况；

（七）试运行期间的取水、退水监测结果。

第二十六条　按照《取水条例》第二十五条规定，取水单位或者个人向原取水审批机关提出延续取水申请时应当提交下列材料：

（一）延续取水申请书；

（二）原取水申请批准文件和取水许可证。

取水审批机关应当对原批准的取水量、实际取水量、节水水平和退水水质状况以及取水单位或者个人所在行业的平均用水水平、当地水资源供需状况等进行全面评估，在取水许可证届满前决定是否批准延续。批准延续的，应当核发新的取水许可证；不批准延续的，应当书面说明理由。

第四十九条　取水单位或者个人违反本办法规定，有下列行为之一的，由取水审批机关责令其限期改正，并可处1 000元以下罚款：

（一）擅自停止使用节水设施的；

（二）擅自停止使用取退水计量设施的；

（三）不按规定提供取水、退水计量资料的。

第六章　水事纠纷处理与执法监督检查

第一节　不同行政区域间水事纠纷处理程序

一、《水法》第五十六条

不同行政区域之间发生水事纠纷的，应当协商处理；协商不成的，由上一级人民政府裁决，有关各方必须遵照执行。在水事纠纷解决前，未经各方达成协议或者共同的上一级人民政府批准，在行政区域交界线两侧一定范围内，任何一方不得修建排水、阻水、取水和截（蓄）水工程，不得单方面改变水的现状。

二、释义

《水法》第五十六条是关于不同行政区域间水事纠纷处理程序的规定。

在水资源的开发利用、保护以及防治水害的各种水事活动中，上下游、左右岸，防洪、治涝、灌溉、排水、供水、水运、水能利用、水资源保护等各种水事活动之间，往往存在不同的需求和利害关系，如果处理不当，往往引起各地区、各方面的矛盾，发生水事纠纷。水事纠纷涉及国家、单位和个人的利益，涉及水事活动的正常秩序。如不能及时和很好地解决水事纠纷当事人之间的矛盾，将会影响人民生活，阻碍经济发展，成为社会不稳定的隐患。有的水事纠纷如解决处理不当，还有可能使矛盾激化，酿成刑事案件，甚至造成大规模的群众性械斗。因此，妥善地处理好水事纠纷是加强水资源管理的重要内容。水事纠纷从当事各方关系上来说，分为两大类：一类是不同行政区域之间发生的水事纠纷，其性质属于行政争端；另一类是单位之间、个人之间、单位与个人之间发生的水事纠纷，这类纠纷属于民事纠纷。本法对这两类水事纠纷分别规定了调处程序。本条所规定的是不同行政区域之间水事纠纷的处理程序。

本条所规定的不同行政区域之间发生的水事纠纷，具有显著的地区性和群体性，纠纷双方的当事人是相邻地区的政府及其水行政主管部门，这类纠纷涉及地区之间的水事权益，不是一般的民事纠纷，而是属于行政争端。因此，应当按照行政管理的组织原则进行处理。本条规定了两种解决办法：

（1）纠纷发生后先由当事双方协商解决。所谓协商，就是指不同行政区域之间的当事双方在发生水事纠纷后，双方在自愿的基础上，本着团结协作、互谅互让的精神，依照有关法律、行政法规的规定，直接进行磋商，自行解决纠纷。如果双方达成一致意见则协商成功。如果协商不成或者协商达成了协议而一方又反悔，不履行协议，另一方可依照本条的规定提请上一级人民政府处理。

（2）当事双方协商不成时，由上一级人民政府裁决。这里所说的上一级人民政府，是纠纷双方共同的上一级人民政府。人民政府收到纠纷案件后，一般是对当事人先进行调解，调解不成的再进行行政裁决。其中，人民政府的调解不是本法规定的必经程序。人民政府依据事实和法律对当事人进行调解，促使纠纷双方进行和解。如果调解不成或者当事人不愿意进行调解，人民政府则依法进行裁决。一般来讲，具体工作由水行政主管部门承办，但作出裁决决定须以人民政府的名义。上一级人民政府的裁决应视为终审裁决，有关各方必须遵照执行，否则将依法追究其法律责任。

行政边界地区是水事纠纷多发地区，因此在水事纠纷解决前，未经各方达成协议或者共同的上一级人民政府批准，在行政区域交界线两侧一定范围内，任何一方不得修建排水、阻水、取水和截（蓄）水工程，不得单方面改变水的现状。这是根据过去行之有效的经验作出的规定，有利于缓解矛盾，稳定争议地区的水事秩序，使水事纠纷能够最终解决。

不同行政区域间的水事纠纷，往往涉及水资源的调配、江河的治理、水利规划和水利建设等，有的还需要采取行政措施和工程措施，有的需要巨额的资金投入，所有这些都需要人民政府和水行政主管部门按照统筹兼顾、标本兼治、综合利用的原则实施，而且也只有人民政府和水行政主管部门才能胜任这项工作。因此，本条规定协商不成的，由上一级人民政府裁决，没有规定可以向人民法院起诉。

三、法律责任

《水法》第七十五条第三项、第四项规定，不同行政区域之间发生水事纠纷，有下列行为之一的，对负有责任的主管人员和其他直接责任人员依法给予行政处分：（三）拒不执行上一级人民政府的裁决的；（四）在水事纠纷解决前，未经各方达成协议或者上一级人民政府批准，单方面违反本法规定改变水的现状的。

行为人实施了《水法》第五十六条规定的违法行为，依据《水法》七十五条第三项、第四项的规定，法律责任为行政处分。具体给予违法行为人何种处分，由其任免单位、监察机关根据不同情况依法做出。

四、相关规章

《省际水事纠纷预防和处理办法》（水利部水政法〔2004〕400 号）：

第二条　本办法所称省际水事纠纷是指省、自治区、直辖市在开发、利用、节约和保护水资源、防治水害过程中因权益纠纷而引起的行政争端。

第三条　处理省际水事纠纷，应当贯彻预防为主、预防与处理相结合的方针，按照有利于边界地区的社会稳定和经济发展，有利于水资源可持续利用的原则，由纠纷各方本着互谅互让、团结治水的精神，尊重历史，面对现实，公平合理地协商解决。经纠纷各方协商未达成协议的，由水利部或水利部所属流域管理机构（以下简称流域管理机构）处理。必要时，报国务院裁决。

处理省际水事纠纷，可运用工程与非工程相结合的措施。

第四条　处理省际水事纠纷的依据是：

（一）有关的法律、行政法规和部门规章；

（二）国务院、水利部有关处理省际水事纠纷的文件；

（三）流域规划和水功能区划；

（四）水量分配方案和调度方案以及旱情紧急情况下的水量调度预案；

（五）防御洪水方案和洪水调度方案；

（六）省际边界河流的水利规划和省际边界地区的地下水开发利用规划；

（七）有关各省（自治区、直辖市）、市（地）、县（市）人民政府或水行政主管部门之间达成的省际水事协议。

前款第（四）项所称省际边界河流是指省、自治区、直辖市界河、界湖（水库）或跨省、自治区、直辖市的河流、河段、湖泊（水库）；所称水利规划包括省际边界河流的水资源规划、防洪规划、规划治导线以及有关的专业或专项规划。

第五条　各级水行政主管部门应加强省际水事纠纷的预防和处理工作，做到机构、人员和经费落实。

第六条　水利部负责组织、监督、指导省际水事纠纷的处理工作，并负责处理国务院交办的省际水事纠纷。

流域管理机构负责管辖范围内省际水事纠纷的处理工作。

第七条　在省际水事纠纷的预防和处理工作中，流域管理机构的主要职责是：

（一）会同有关省、自治区、直辖市人民政府水行政主管部门编制、拟定省际边界河流水利规划、水量分配方案和调度方案以及旱情紧急情况下的水量调度预案，并在批准后负责组织或监督执行；

（二）监督检查省际边界地区的水事活动；

（三）组织建立省际水事协商制度；

（四）负责重大省际水事纠纷的上报；

（五）处理水利部交办的或省、自治区、直辖市人民政府水行政主管部门提请处理的省际水事纠纷；

（六）监督检查国务院有关省际水事纠纷的裁决、水利部或流域管理机构有关省际水事纠纷的处理意见的执行情况，督促落实纠纷各方达成的省际水事协议。

第八条　在省际水事纠纷的预防和处理工作中，省、自治区、直辖市人民政府水行政主管部门的主要职责是：

（一）监督检查本省（自治区、直辖市）边界地区的水事活动，维护边界地区的水事秩序，预防省际水事纠纷的发生；

（二）配合流域管理机构编制省际边界河流水利规划、水量分配方案和调度方案以及旱情紧急情况下的水量调度预案，并在批准后负责组织执行；

（三）配合流域管理机构建立省际水事协商制度；

（四）负责重大省际水事纠纷的上报；

（五）配合水利部和流域管理机构处理省际水事纠纷；

（六）根据省、自治区、直辖市人民政府的授权，负责与有关各方协商解决省际水事纠纷；

（七）负责执行国务院有关省际水事纠纷的裁决、水利部或流域管理机构有关省际水事纠纷的处理意见和纠纷各方达成的省际水事协议。

第十四条　省际水事纠纷发生后，纠纷各方的县、市级人民政府水行政主管部门应当立即派人到现场调查协商，将调查协商意见报告县、市级人民政府和上级水行政主管部门，并在当地人民政府的领导下，协同有关部门采取有效措施防止事态扩大。

第十五条　省际水事纠纷应当按照分级管理的原则，逐级协商处理：

（一）纠纷各方县、市级人民政府水行政主管部门协商，达成一致意见的，分别报同级人民政府，由纠纷各方人民政府或其授权的有关部门签订协议，并分别报上级水行政主管部门和有关流域管理机构备案；不能达成一致意见的，分别报请同级人民政府协商。

（二）纠纷各方县、市级人民政府协商，达成一致意见的，签订协议，并分别报上级水行政主管部门和有关流域管理机构备案；不能达成一致意见的，分别报请省级水行政主管部门协商。

（三）纠纷各方省级水行政主管部门协商，达成一致意见的，分别报省级人民政府，由省级人民政府或其授权的有关部门签订协议，并报有关流域管理机构备案；不能达成一致意见的，分别报省级人民政府协商，或报请流域管理机构调处。

（四）纠纷各方省级人民政府协商，达成一致意见的，签订协议；不能达成一致意见的，纠纷各方省级人民政府或其授权的有关部门应当就协商中达成一致意见的部分签字予以确认，并就协商中未能达成一致意见的部分，提出各自的解决方案及时报请水利部或有关流域管理机构处理。其中报请流域管理机构处理的水事纠纷，由流域管理机构组织有关各方协商，协商一致的，签订协议；协商不成的，由流域管理机构提出处理意见。

（五）纠纷各方省级人民政府及其水行政主管部门对流域管理机构提出的处理意

见无异议的，应当遵照执行；有异议的，可以报请水利部提出处理意见。必要时，由水利部报请国务院裁决。

按照前款规定，经过协商达成一致意见并签订协议的，纠纷各方应遵照执行。

第十六条　国务院交办水利部处理的省际水事纠纷，由水利部组织纠纷各方省级人民政府及其水行政主管部门协商处理，协商不成的，由水利部提出处理意见，报请国务院裁决。

第十七条　发生下列重大省际水事纠纷时，纠纷各方水行政主管部门应当立即报告水利部、有关流域管理机构和同级人民政府及有关部门，并在人民政府的领导下及时采取措施予以制止和处置：

（一）由省际水事纠纷引发的较大规模群体事件；

（二）在省际边界地区发生的以爆炸等方式破坏水利工程设施的事件；

（三）其他对人民生命财产造成较大损失或对社会稳定造成较大影响的省际水事纠纷。

第十八条　省际水事纠纷解决前，未经纠纷各方县级以上人民政府及其水行政主管部门达成协议或者水利部、流域管理机构批准，任何一方不得修建排水、阻水、取水和截（蓄）水工程，不得单方面改变水的现状。

第十九条　水利部或者流域管理机构在处理省际水事纠纷时，可根据实际情况，组织制定应急预案，及时防止事态扩大，并有权采取临时处置措施，有关各方必须服从。

第二十条　国务院关于省际水事纠纷裁决、水利部或流域管理机构关于省际水事纠纷的处理意见，有关各方必须遵照执行。

省级人民政府及其有关部门应当组织有关市、县对落实上述处理意见制定具体实施方案。

实施方案要报水利部或有关流域管理机构备案。

第二十一条　流域管理机构和各级水行政主管部门负责对国务院有关省际水事纠纷的裁决和水利部有关省际水事纠纷的处理意见的执行情况进行监督检查，并对在监督检查过程中发现的问题及时向有关部门通报。

第二十二条　发生省际水事纠纷，有下列行为之一的，对有关责任人由其所在单位或上级主管部门依法给予行政处分。

（一）拒不执行国务院关于省际水事纠纷的裁决和水利部关于省际水事纠纷处理意见的；

（二）在省际水事纠纷解决之前，未经各方达成协议或者未经水利部、流域管理机构批准，单方面改变水的现状的；

（三）组织和支持制造水事纠纷的。

第二十三条　在省际水事纠纷发生及其处理过程中煽动闹事、结伙斗殴、抢夺或者损害公私财物、非法限制他人人身自由的，应当及时移送公安司法机关处理。

第二十四条　各级水行政主管部门和流域管理机构的工作人员，违反本办法的规定，玩忽职守，致使公共财产、国家和人民利益遭受较大损失的，应当给予行政处分；造成重大损失，构成犯罪的，移送司法机关依法追究刑事责任。

五、典型案例——S省C县与G省N县J河C桥河段水事纠纷

2008年6月29日9时左右，S省C县与G省N县群体械斗冲突事件，在不到三个小时内双方共集结了数百群众，发生集体械斗冲突事件，造成N县10人、C县12人不同程度受伤，其中，N重伤1人，C县重伤2人；N县1台施工机械被弃置河中，施工人员手机等财物被损。

冲突事件发生后，国务院、水利部和××委领导高度关注，国务院副总理、水利部部长和××委主任分别作出重要批示，要求尽快平息事态，妥善处理好纠纷，确保奥运期间社会稳定。为此，水利部迅速组成应急处理工作组，紧急赶赴现场开展相关协调工作，并及时提出《应急处理意见》，G、S两省人民政府主要领导迅速作出批示，要求全力配合处理好纠纷。

（一）纠纷缘由

J河是H河的二级支流、W河的一级支流。J河C桥河段地处G、S两省×、P、×三市交界处，河道左岸为G省N县C镇，右岸为G省P市J县和S省×市C县。该河段为不对称“U”形河谷，宽980～2 000米，河床宽200～500米，主槽宽180～250米，枯水面宽8～25米，左、右岸阶地非连续分布，一级阶地宽500～1 500米，二、三级阶地发育不明显。该河段属蜿蜒型河道，受河道历史变迁影响，河曲发育，上下河湾较多，受洪水威胁影响，左、右岸滩地淹没受损，右岸高滩地有塌岸现象存在。历史上，该河段没有设防，两岸仅有零星的防护设施。由于土地边界争议，双方一直争执不断，2001年2月，S、G两省人民政府协商形成了《S省人民政府与G省人民政府联合勘定的行政区域界限协议书》（简称《协议书》）。

根据区域经济发展需要，G省Q市委、市政府决定将C桥镇规划建设成为重要工业城镇和经济示范区。为此，市县两级政府于2007年8月完成了示范区总体规划和控制性详细规划。C桥护堤工程作为C桥镇土地开发项目（包括土地平整、滩涂开发、护堤工程、道路工程等）的一部分，规划全长为17千米，一期工程长6.49千米，其中，S、G两省交界段长3.44千米（包括S省C县境内的965米河段）。该工程由G省Q市水利勘测规划设计院设计，2007年9月13日由Q市发展和改革委批复立项，Q市水务局批准初步设计。工程按30年一遇洪水标准设计，概算总投资814.62万元，由C桥经济示范园区管委会负责实施。护堤工程为土质护堤，迎水面采用混凝土坡式衬砌，堤高6米，顶宽3米，底宽18米，坡比1∶1.5。工程于2007年10月8日开

工建设。

工程开工后，S 省 C 县表示强烈反对，认为该工程建设未经协商，且部分工程在 S 省 C 县辖区，改变了 J 河水势，影响了河道行洪，给右岸的防洪安全构成威胁。2007 年 11 月 3 日，S 省 C 县部分群众到施工现场阻拦，多次到 S 省 C 县政府上访。12 月 11 日，S 省 C 县有关部门及当地乡村干部到 G 省 N 县进行协商，要求工程停工。S 省 × 市水利局于 12 月 14 日向 G 省 Q 市发展和改革委发函，要求立即责成建设单位停止建设行为。G 省认为，护岸工程属小型水利工程，由 G 省 Q 市发展和改革委审批立项，G 省 Q 市水务局批准实施符合法定程序，且工程规划设计充分考虑了上下游、左右岸的关系，工程建设不会对 S 省 C 县沿河群众生命财产安全造成威胁。两岸水事纠纷由此产生。

（二）纠纷产生的原因

J 河 C 桥河段护堤工程纠纷产生的背景比较复杂，既有土地边界争议，也有工程建设本身纠纷，根本原因是护堤工程未按照水法律、法规的规定进行审批建设。

1. 土地边界争议由来已久

历史上，由于该河段没有设防，滩岸经常冲刷变化，两岸因地界问题经常发生争议甚至械斗。新中国成立后，土地边界问题仍未彻底解决，一直争执不断。2001 年 2 月，S、G 两省人民政府协商形成了《协议书》，同年 10 月国务院对《协议书》进行了批复。目前，S 省 C 县 ×× 乡 ×× 村 18 户群众和 ×× 村 1 户群众，就居住在 C 桥境内，仍存在插花种地情况。历史上的矛盾隔阂，使该河段的水事活动变得非常敏感。

2. 有关单位和部门的水法规意识不强

按照《水法》《防洪法》《河道管理条例》规定，禁止围垦河道，确需围垦的，应当经过科学论证，并经省级以上政府批准。在省际边界河道，未经有关各方达成协议或者国务院水行政主管部门批准，禁止单方面修建河道整治工程。J 河 C 桥河段护堤工程，在未与对岸协商的情况下，由 G 省 Q 市审批立项，属越权审批的违法工程。正是由于该工程的审批建设程序违反了水法规的有关规定，才最终导致纠纷的发生。

（三）纠纷的处理

2007 年 12 月，×× 委接到情况反映后，认定 C 桥河段护堤工程建设，未经两岸协商达成协议，G 省 Q 市发展和改革委批准实施，违反了水法规规定，属越权审批，要求 G 省水利厅调查核实，依法处理。鉴于 G 省 Q 市 N 县护堤工程建设已引起两岸省际间的水事纠纷，×× 委和 ×× 管理局又多次发文，要求 G、S 省按照水利部《省际水事纠纷预防和处理办法》规定程序做好协调处理工作，并要求在有关各方达成协议前，任何一方不得改变河道现状，严禁单方面继续该河段护堤工程的施工。

为解决纠纷，双方县、市进行了多次协调，2008 年 5 月 6 日两省水利厅也进行了协调，但始终未能达成一致意见。6 月 29 日，矛盾进一步激化，发生了数百名群众参与的群体冲突事件。

事件发生后，国务院和水利部领导高度关注，国务院副总理和水利部部长作了重要批示，×× 委非常重视，对纠纷处理工作提出了明确要求。鉴于该纠纷发生在北京奥运会举办前夕，且 J 河已进入主汛期，为维护社会稳定，确保河道防洪安全，本着依法公正、科学合理、妥善解决的原则，×× 委提出三步走的工作思路：首先，控制事态发展，停止引起纠纷的护堤工程建设；其次，尽快对护堤工程项目进行技术复核，分析研判，为纠纷处理提供技术支撑；最后，根据技术分析结果，提出处理意见，以最终有效解决纠纷。

1. 迅速采取应急措施，有效控制事态发展

冲突事件发生后，水利部迅速组成工作组（×× 委副主任为组长、水利部政法司副司长为副组长），于 2008 年 7 月 2—5 日紧急赶赴现场开展相关协调工作。工作组认真查看了现场并听取了 S 省 C 县和 G 省 N 县委、县政府有关情况的汇报，在全面掌握情况的基础上，为防止矛盾进一步激化，尽快平息事态，维护社会稳定，确保主汛期防洪安全，7 月 4 日提出了六条应急处理意见。7 月 6 日，×× 委向 G、S 两省人民政府通报了情况，提出了要求。

与此同时，×× 委坚持每天与两省进行沟通协调，要求两省及有关市县主动工作，化解矛盾，确保稳定。×× 委及两省水利厅派出现场巡查监督组，坚持对现场不间断巡查，及时掌握现场情况，并实行每日报告制度。

2. 开展技术分析论证，为纠纷处理提供依据

G 省 N 县护堤工程建设是引起该纠纷的根源，为尽快找到科学合理地解决纠纷的依据，2008 年 7 月 6 日，×× 委成立工程技术专家组，×× 委副总工程师带领 ×× 设计公司、×× 水文局、×× 科学研究院等单位的工程技术人员，赶赴现场开展工作。由于纠纷河段地形地貌资料缺乏，7 月 9 日，×× 委迅速安排测绘技术人员和测绘设备，组成 4 个测绘工作组共 20 余人，于当日到达现场开展测绘工作。经过周密安排和紧张工作，专家组于 7 月 10 日完成了现场查勘、调研工作，7 月 14 日完成了现场约 10 平方千米的河道和工程的外业测绘工作。

2008 年 7 月 21 日，×× 委工程技术专家组根据现场查勘、实地测量和历史资料，对 G 省 N 县护堤工程进行了全面的技术复核、分析研判，提交了《G 省 N 县 C 桥护堤工程防洪影响分析报告》（简称《报告》）以及 1 ∶ 10 000 和 1 ∶ 2 500 的 C 桥河段护堤工程布置图。《报告》分析研究了该河段水沙等自然条件、河势变化，以及护堤工程修建对河道排洪能力的影响，提出了对护堤工程的处理建议。

3. 根据技术分析结果，对护堤工程提出处理意见

根据技术分析结论，2008 年 7 月 22—23 日，水利部和 ×× 委组织 G、S 两省水利厅召开协调会议，对有关工作进行了认真研究。

鉴于J河已进入主汛期，北京奥运会即将举办，为确保防洪安全，迅速解决纠纷，维护社会稳定，7月24日，根据××委专家组对G省N县C桥护堤工程的防洪影响分析研判结论，经水利部同意，××委向G、S两省人民政府发出《关于对J河C桥河段护堤工程的处理意见》（简称《处理意见》），要求在8月3日前全部拆除影响行洪的护堤工程。

4. 护堤工程拆除和监督验收工作

G、S两省人民政府接到××委《处理意见》后，高度重视，迅速作出部署安排。2008年7月25日，G省水利厅厅长和G省政府办公厅组成的督查组抵达现场督查落实；当天Q市委、市政府召开专题会议，研究部署护堤工程拆除工作；N县委、县政府迅速成立拆除工作领导小组，以及工程拆除组、技术指导组、维护稳定组等组织机构，制订拆除工作实施方案，倒排工期，逐日确定施工作业计划，其间投入了充足的施工人员和机械设备，坚持昼夜作业。S省对该河段防汛、社会稳定工作进行了全面部署。

为做好J河C桥河段护堤工程拆除的监督检查和验收工作，2008年7月24日，由××委、G省水利厅、S省水利厅共同成立联合监督验收组。7月28日，联合监督验收组现场工作组进驻现场，坚持每日不定时现场督查，并将每日现场督查情况及时向××委和两省水利厅报告。督查过程中，现场工作组对施工进展情况进行了必要的实地丈量，对督查中发现的问题进行分析讨论，并及时向G省N县方面提出整改意见和要求。8月2日，联合监督验收组全体成员抵达现场，在听取现场工作组督查情况的汇报后，详细查看拆除现场，安排测绘人员进行了实地测量，根据现场情况提出了进一步的督查意见和要求，G省N县方面随即进行了整改落实。8月4日，联合监督验收组对拆除现场再次查看后，召开验收会议。验收组成员一致认为，J河C桥河段护堤工程拆除工作基本符合××委《处理意见》要求，同意通过验收，并形成《J河C桥河段护堤工程拆除验收意见》。

S、G省J河C桥河段护堤工程纠纷发生在北京奥运会举办前的敏感时期，两岸群众矛盾尖锐，情况复杂，纠纷协调难度大。自2008年6月29日冲突事件发生以来，在国务院、水利部、××委和S、G两省人民政府领导的高度重视下，经过有关各级政府、部门和单位的共同努力和艰苦工作，引起纠纷和影响防洪的护堤工程拆除工作顺利通过验收。

第二节　单位之间、个人之间、单位与个人之间发生的水事纠纷处理程序

一、《水法》第五十七条

单位之间、个人之间、单位与个人之间发生的水事纠纷，应当协商解决；当事人不愿协商或者协商不成的，可以申请县级以上地方人民政府或者其授权的部门调解，也可以直接向人民法院提起民事诉讼。县级以上地方人民政府或者其授权的部门调解不成的，当事人可以向人民法院提起民事诉讼。

在水事纠纷解决前，当事人不得单方面改变现状。

二、释义

《水法》第五十七条是关于单位之间、个人之间、单位与个人之间发生的水事纠纷处理程序的规定。

对单位之间、个人之间、单位与个人之间发生的水事纠纷，本条明确规定可以向人民法院提起民事诉讼。因为这类水事纠纷属于民事性质的纠纷，它既受水法调整，也受民事法律的调整。根据本条规定，这类水事纠纷，当事人可以通过三种方式进行解决：

（1）纠纷发生后先由当事人之间协商解决。这类水事纠纷属于民事纠纷，当事双方是平等的民事主体，双方可以在自愿的基础上先进行协商，这样有利于化解矛盾，稳定事态，使纠纷得到迅速解决。

（2）当事人不愿协商或者协商不成时，可申请人民政府或者其授权的部门调解。水事纠纷发生地的人民政府或者其授权的主管部门只起到主持调解的作用。

（3）诉权是当事人保护自身权益的最终手段和方式。当事人不愿意进行协商或者协商不成的，可以直接向人民法院提起民事诉讼；县级以上地方人民政府或者其授权的部门调解不成的，当事人也可以向人民法院提起民事诉讼。由人民法院作出最终的裁决。这里需要说明的是，本条关于这类水事纠纷由当事人双方协商解决和由人民政府或者其授权的部门调解解决，都不是法定的必经程序。也就是说，发生这类水事纠纷后，当事人可以直接向人民法院提起民事诉讼，不必经过协商和调解程序。由于因调解不成而提起的是民事诉讼，不是行政诉讼，被告应是当事的一方，而不是调处水事纠纷的人民政府或者其授权的部门。

为了保证当事人的合法权益，防止纠纷激化，扩大事态，并制止违法行为，本条同时作出禁止性规定，即在水事纠纷解决过程中，当事人不得单方面改变现状，包括

水的现状和引发水事纠纷的其他现状，从而保障对水事纠纷的合理处理。

第三节　执法监督检查职责

一、《水法》第六十条

县级以上人民政府水行政主管部门、流域管理机构及其水政监督检查人员履行本法规定的监督检查职责时，有权采取下列措施：

（一）要求被检查单位提供有关文件、证照、资料；

（二）要求被检查单位就执行本法的有关问题作出说明；

（三）进入被检查单位的生产场所进行调查；

（四）责令被检查单位停止违反本法的行为，履行法定义务。

二、释义

《水法》第六十条是关于县级以上人民政府水行政主管部门及其水政监督检查人员履行执法监督检查职责时有权采取的措施的规定。

县级以上人民政府水行政主管部门、流域管理机构及其水政监督检查人员依法履行执法监督检查职责，纠正和查处违反水资源管理法律、法规的行为，会受到违法行为人的抵制。为了加大对违反水资源管理法律、法规行为的查处力度，提高查处工作效率，保证查处工作质量，有效地打击违反水资源管理法律、法规的行为，需要赋予县级以上人民政府水行政主管部门、流域管理机构及其水政监督检查人员必要的监督检查手段。为此，本条规定，县级以上人民政府水行政主管部门、流域管理机构及其水政监督检查人员履行本法规定的监督检查职责时有权采取下列措施：

（1）要求被检查单位提供有关文件、证照、资料。这是保证县级以上人民政府水行政主管部门、流域管理机构及其水政监督检查人员依法履行执法监督检查职责时，查清违法事实，获取书证的重要手段。被检查单位应当如实提供，不得转移、销毁有关文件和资料，更不得提供虚假的文件和资料，违者要视情节追究其法律责任。这里所称的有关文件、证照和资料，是指与被检查单位有关的文件、证照和资料。县级以上人民政府水行政主管部门、流域管理机构及其水政监督检查人员履行执法监督检查职责时，不得随意扩大检查范围和随意要求出示与执法监督检查无关的文件和资料。县级以上人民政府水行政主管部门、流域管理机构及其水政监督检查人员调取有关文件、证照和资料时，应当以原始凭证为据，调取原始凭证有困难的，可以复制，但复制件应当注明“经确认与原件无误”的字样，并由该文件、资料的单位盖章。

（2）要求被检查单位就执行本法的有关问题作出说明。这是为保证县级以上人民政府水行政主管部门、流域管理机构及其水政监督检查人员依法履行执法监督检查时，查清违法事实，获取证人证言的重要手段。县级以上人民政府水行政主管部门、流域管理机构及其水政监督检查人员行使该项权利时，被检查单位必须如实说明情况，不得拒绝或作与事实不符的虚假陈述，违者要视情节追究其法律责任。这里所称的被检查的单位是指与县级以上人民政府水行政主管部门、流域管理机构及其水政监督检查人员执法监督检查的事项有关的单位。如果有关水行政主管部门有违反本法规定的行为的，也应接受上级水行政主管部门的监督检查。县级以上人民政府水行政主管部门、流域管理机构及其水政监督检查人员履行执法监督检查职责需要被检查单位说明情况时，不得随意扩大被询问对象的范围，并应当依照法定程序进行。询问时，水政监督检查人员一般不得少于2人；询问证人应当个别进行，并告之作虚假陈述应承担的法律后果。询问应当制作笔录，并经被询问人核对无误。询问人与被询问人都应在询问笔录上签名或者盖章。被询问人拒绝签名、盖章的，应当在询问笔录上注明。

（3）进入被检查单位的生产场所进行调查。这是为保证县级以上人民政府水行政主管部门、流域管理机构及其水政监督检查人员依法履行监督检查职责，直接获取被检查单位违反水资源管理法律、法规行为证据的重要手段。县级以上人民政府水行政主管部门、流域管理机构及其水政监督检查人员进入被检查单位的生产场所进行调查时，被检查的单位应当配合并提供便利条件，不得拒绝或者阻挠。县级以上人民政府水行政主管部门、流域管理机构及其水政监督检查人员进入被检查单位的生产场所进行调查，应当按照法定程序进行。

（4）责令被检查单位停止违反本法的行为，履行法定义务。这是为保证水行政主管部门、流域管理机构及其水政监督检查人员有效实施监督检查权的重要手段，也是及时阻止违法行为，保护公民的合法权益的有力措施。县级以上人民政府水行政主管部门、流域管理机构在作出责令停止违反本法行为的决定时，要确实掌握被责令的单位违反本法的事实。

本条规定的四项措施被检查单位必须遵守。县级以上人民政府水行政主管部门、流域管理机构及水政监督检查人员依法履行监督检查职责时，可以根据需要采用这些措施，采用时必须符合法律规定，不得随意扩大适用，不得超越法律赋予的权限，采取其他法律未允许采用的强制措施。

下　篇

《中华人民共和国防洪法》常用条文解析

第一章　总　则

第一节　防洪工程设施建设应纳入计划及防洪费用筹集原则

一、《防洪法》第三条

防洪工程设施建设，应当纳入国民经济和社会发展计划。

防洪费用按照政府投入同受益者合理承担相结合的原则筹集。

二、释义

长期以来的防洪实践证明，防洪工程设施是防治洪水的主要手段。防洪工程设施包括防洪大堤、防洪墙、水库及其他防洪工程等。防洪工程设施建设具有两大特点：一是需要大量的人力、财力的投入，特别是资金的投入；二是工程设施虽然不直接体现经济效益，但当洪水来临时，由于修筑了高标准的防洪工程设施，对整个地区乃至整个国家的经济发展起到了保护作用。由此可见，防洪工程设施建设与一个地区乃至整个国家的经济发展状况密不可分，经济状况好，在防洪工程设施的建设上有更多的投入，就能够较好地防治洪水，保障经济的稳定发展，经济进一步发展了，又能有更多的资金用于防洪工程设施的建设，抵御大洪水的侵袭，这是一个相互作用、循序渐进的过程。所以任何一个国家或地区的防洪工程设施的建设始终应当与该国家或地区的经济和社会发展水平相适应，把防洪工程设施建设纳入国民经济计划一并考虑，统筹安排，就是保证防洪工程设施建设与经济发展相协调，充分发挥防洪对经济建设的重要保护作用。本法规定将防洪工程设施的建设纳入国民经济计划，必将起到加强防洪工程设施建设的作用，有利于逐步形成与经济社会发展水平相适应的综合性防洪体系。

防治洪涝灾害需要巨大的投入。作为一项社会性公益事业，政府应当是防洪事业投入的主要承担者。但是，各行各业都需要资金，而财政资金又十分有限，在这种情况下，完全靠国家投资来满足防洪事业的需要是难以做到的，所以必须通过多种形式和多种渠道来筹集防洪建设资金。防洪工作具有一定的特殊性，任何一项防洪工程，往往都是为保护一定地区的人员及财产免受损失而修建的；洪水来临时所采取的紧急应急措施如启用某一蓄滞洪区等是以牺牲该地区为代价而保护另一特定地区的安全，受益地区、单位和个人具有特定性。根据这一特点，世界上一些国家、地区都采用了由受益者分担一部分防洪费用的做法。比如，日本规定，河道管理所需要的费用，原则上由中央政府和地方政府分别负担，河流工程有明显受益者时，河流管理者可视其受益程度，责成其负担该河流工程所需费用的一部分。我国台湾地区水利法规规定，政府因办理及维护防洪工程，可以向受益者征收防洪受益费。这些措施对增大防洪资金、解决投入不足问题起到良好的作用。国务院 1997 年出台了《水利建设基金筹集和使用管理暂行办法》，在防洪投入上作了明确的规定。根据我国的现实状况，参照一些国家和地区的做法，本条第二款规定了防洪费用的分担原则，即把防洪费用由中央政府、地方政府及受益者共同承担作为防洪事业的一项基本原则确定下来。这个原则的确定体现了国家防洪投入体制改革的发展方向，这对于调动各方面的力量，形成全社会对防洪事业的投入，加强防洪建设事业，具有重要的现实意义。

三、相关法规

（一）《山东省黄河防汛条例》（2003 年发布，2024 年修正）

第五条　黄河防汛费用按照国家、地方政府和受益者合理承担相结合的原则筹集。黄河防汛费用应当专款用于黄河防汛准备、防汛抢险、防洪工程修复、防汛抢险器材和国家储备物资的购置、维修以及其他防汛业务支出。

有黄河防汛任务的县级以上人民政府和单位，应当根据国家和省的有关规定，安排必要的资金和劳务，用于黄河防汛队伍组织训练、防汛物料筹集、防汛抢险等防汛活动。

任何单位和个人不得截留、挪用黄河防汛、救灾资金和物资。

（二）《河南省黄河防汛条例》（2016 年发布，2024 年修正）

第五条　黄河防汛费用按照国家、地方政府和受益者合理承担相结合的原则筹集。黄河防汛费用应当专款专用。

有黄河防汛任务的县级以上人民政府应当根据国家和本省有关规定，安排必要的资金和劳务，用于黄河防汛队伍培训、演练、防汛物料筹集、防汛抢险等防汛活动。任何单位和个人不得截留、挪用黄河防汛、救灾资金和物资。

第二节　防洪工作基本管理制度

一、《防洪法》第五条

防洪工作按照流域或者区域实行统一规划、分级实施和流域管理与行政区域管理相结合的制度。

二、释义

《防洪法》第五条是关于防洪工作基本管理制度的规定。

由于水资源是关系国计民生的重要资源，各个不同地区、不同部门对治水和用水的要求不同，出发点不同，在防洪工作中有时会发生矛盾，如果采取各自为政、多龙治水的政策，势必违背水流的客观规律，起到适得其反的作用。因此，防洪工作要强调在统一规划下进行，即根据水害和水资源的具体情况，统筹考虑各方面的因素，兼顾各地区、各部门的要求和利益，制定合理可行的规划，并且按照规划付诸实施。在具体实施的过程中，强调分级实施，即对于按流域或者区域制定的规划，分级层层下达，一级一级地落实，以真正把规划贯彻到实践中去。

水是按照流域活动的，流域是地表水的自然集水区。因此，它与区域是不同的概念。一条江河的流域通常跨越不同的区域，比如，我国的长江流域跨越18个省（自治区、直辖市）；长江、黄河、淮河、海河、辽河、松花江和珠江七大江河的中下游地区以及长江上游的四川盆地面积约有100多万平方千米，涉及北京、上海、天津、武汉、广州、沈阳、哈尔滨、成都、南京等许多重要城市。根据洪水成灾的特点，防洪工作应以流域为基础进行。国务院在大的流域设立了流域管理机构，对该流域的防洪工作进行统一管理。与此同时，该流域沿岸各省（自治区、直辖市）及有关地区也要根据流域管理的要求，结合本地的实际情况，对本地区的防洪工作进行管理；对于没有流域管理机构的江河，依法进行区域管理。这样形成流域管理和行政区域管理相结合的管理体系，充分发挥各方面的作用，协调行动，有序治理，以有效地防治洪水。这就是本条所强调的流域管理与行政区域管理相结合的制度。

第三节 单位和个人都有保护防洪工程设施以及参加防汛抗洪的义务

一、《防洪法》第六条

任何单位和个人都有保护防洪工程设施和依法参加防汛抗洪的义务。

二、释义

《防洪法》第六条是关于单位和个人有保护防洪工程设施以及参加防汛抗洪义务的规定。

任何单位和个人都有保护防洪工程设施的义务。我国《宪法》规定，任何公民都有义务爱护公共财产，公民在行使自由和权利的时候，不得损害国家的、社会的、集体的利益；国家保护社会主义的公共财产，禁止任何组织和个人用任何手段侵占或者破坏国家的和集体的财产。首先，我国的防洪工程设施是基础性公共设施，绝大多数是公共财产，因此任何公民和单位都有义务爱护和保护防洪工程设施。其次，防洪工程设施是防止和减轻洪涝灾害对人类造成的破坏性影响，保卫家园的主要措施，也是开发利用水资源的重要工程性措施，防洪工程设施是否完好，能否充分发挥作用，对人民的生命安危及财产安全，对周围单位、组织的财产安全及正常的生产秩序都有重大的影响。因此，强调任何单位和公民有义务保护防洪工程设施在防洪工作中是十分必要的，保护防洪工程设施是任何单位和公民保卫家园的一项重要工作。最后，防洪工程设施的修建及维护通常需要耗费巨大的人力、物力和财力，资金含量高，加强对防洪工程设施的保护，可以起到延长设施的使用寿命、提高使用效益、节约资金的作用，这对于缓解我国目前防洪投入紧张的状况具有十分重要的现实意义。

保护防洪工程设施，包括保护堤防、水闸、护岸、抽水站、排水渠等设施，也包括保护防洪用的水文、通信等设施。任何单位和个人不仅有义务自身积极维护上述设施的完好及正常运转，还有义务制止和检举不法行为人对上述设施的破坏活动。违反本条规定的法定义务，应当按照本法法律责任的有关规定，承担相应的责任。

任何单位和个人都有参加防汛抗洪的义务。任何江河的水量都有周期性或季节性上涨的时期，这一时期就是人们通常所说的汛期。汛期是防洪工作的关键时期，许多危及百姓生命、财产安全，破坏社会财富的重大险情往往在汛期发生。实践证明，汛期的防汛抗洪关键在于群众参与，群众防汛是防汛抗洪工作中不可缺少的有效途径。我国明末治河专家潘季驯曾指出，河防在堤，而守堤在人，有堤不守，守堤无人，与无堤同。可见人防在防汛中的重要作用。1998 年，我国长江、松花江流域发生的特大洪水，如果没有广大人民群众和人民解放军的共同努力，后果是不堪设想的。因此，本条规定任何单位和个人都有参加防汛抗洪的义务符合防洪工作的客观要求，它可使人们认识到，参加防汛抗洪不仅是参加一场保卫家园的战斗，而且是在履行一个公民、单位的法定义务。这一规定为群众防汛提供了法律依据。

履行参加防汛抗洪的义务，主要包括以下内容：参加对堤防、闸、坝等防洪工程设施的巡查防守；参加抢运物资、石料、堵漏、清障等活动；水库、闸坝和其他水工程设施的运用，要服从防洪调度；在紧急防汛期，当防汛指挥机构依法调用物资设备、交通运输工具和人力时，服从调用并积极支持；江河、湖泊水位或流量达到国家规定的分洪标准，有关部门依法决定启用蓄滞洪区时，服从决定，敢于牺牲局部利益。

本条规定的任何单位和个人都有防汛抗洪的义务，包括那些尚未受到洪水威胁的地区的单位和个人。根据本条的规定，这些单位和个人也有义务向灾区提供必要的人力、物力和财力，对灾区的防汛抗洪给予支持。

三、相关法规

（一）《中华人民共和国防汛条例》（1991 年发布，2011 年修订）

第五条 任何单位和个人都有参加防汛抗洪的义务。

中国人民解放军和武装警察部队是防汛抗洪的重要力量。

（二）《山东省黄河防汛条例》（2003 年发布，2024 年修正）

第六条 任何单位和个人都有依法参加黄河防汛抗洪和保护黄河防洪设施的义务。

在黄河防汛工作中做出突出成绩的单位和个人，由县级以上人民政府给予表彰和奖励。

（三）《河南省黄河防汛条例》（2016 年发布，2024 年修正）

第六条 单位和个人有依法保护黄河防洪工程设施和参加黄河防汛抗洪的义务。

对在黄河防汛抗洪工作中做出突出成绩的单位和个人，按照有关规定给予表彰和奖励。

第四节 各级人民政府在防洪工作中的基本职责

一、《防洪法》第七条

各级人民政府应当加强对防洪工作的统一领导，组织有关部门、单位，动员社会力量，依靠科技进步，有计划地进行江河、湖泊治理，采取措施加强防洪工程设施建设，巩固、提高防洪能力。

各级人民政府应当组织有关部门、单位，动员社会力量，做好防汛抗洪和洪涝灾害后的恢复与救济工作。

各级人民政府应当对蓄滞洪区予以扶持；蓄滞洪后，应当依照国家规定予以补偿或者救助。

二、释义

《防洪法》第七条是关于各级人民政府在防洪工作中的基本职责的规定。

由于洪涝灾害具有按流域发生，影响范围广，破坏性强，抢救任务紧迫、繁重的特点，决定了防洪工作是一项涉及不同地区、不同行业，需要处理各方面复杂关系的系统工程，单靠一个部门、一个单位的力量是无法做好防洪工作的。因此，防洪工作必须强调在各级人民政府的统一领导下进行。

洪涝灾害的特点及多年来人们防灾减灾的实践经验证明，防汛抗洪、防灾减灾的有力措施是工程性措施，即运用水库、堤防等防洪设施拦蓄洪水、约束洪水使其顺利排泄入海。高标准的坚固的水利设施能够有效地防御洪水，减轻灾害，维护人民的生命和财产安全，对防洪减灾起着至关重要的作用。然而，这些水利设施的修建和维护不是一朝一夕能完成的，它需要大量的人力、物力和财力的投入，是一项经常性的需要动员全社会力量共同进行的工作。这项工作只能在各级人民政府的统一领导下进行。根据本条的规定，各级人民政府有义务组织有关部门、单位，动员社会力量，通过治理江河、湖泊，修建和维护防洪工程设施等工作加强防洪工程设施建设，提高防洪能力。

加强防洪工程设施建设，提高防洪能力，重在依靠科技。党的十五大提出，科学技术是第一生产力，科技进步是经济发展的决定因素。我国是发展中国家，应当更加重视运用最新技术成果，实现技术发展的跨越。防洪工作是我国经济发展中的一项重要的工作，也必须强调运用科学技术手段，多快好省地进行防洪工程设施的建设，通过科技进步，提高我国防御洪水的能力。因此，本条规定各级人民政府应当依靠科技进步，有计划地进行江河、湖泊治理，采取措施加强防洪工程设施建设，巩固、提高防洪能力。依靠科技进步，包括重视防洪工作的科学技术研究，注意培养和重用水利技术人才，加强对于重大的和关键的技术攻关项目的资金投入等多项具体工作。各级人民政府在防洪工作中，特别是在防洪工程设施的建设中，要高度重视运用科学技术，逐步提高防洪工作的科技含量，建设出既有社会效益，又有经济效益，高标准、高质量的防洪设施。

汛期是洪涝灾害的主要发生期，防汛抗洪犹如一场生死较量的战斗，时效性强。必须动员各部门、各单位、部队和广大人民群众共同参加抗洪斗争，必须集中调配有关的物资和设备，集中调度使用有关的防洪设施；气象、水文、海洋、公安、交通、卫生等部门都要协同配合，各尽其责，这些都需要人民政府和防汛指挥机构的统一领导和安排。根据本条的规定，各级人民政府有义务组织有关部门、单位，动员社会力量，做好防汛抗洪工作。具体包括：科学地制订和严格执行有关的防预洪水方案，做好防汛抗洪的准备；密切监测气象的发展和变化，及时掌握天气、水文和风暴潮的信息，尽快了解汛情；组织防汛队伍巡堤查险，发现脱坡、管涌等险情立即组织军民抢护；组织危险地区的群众转移到安全地区，解决灾区居民的生活问题等。此外，《防洪法》还在第五章中规定了有关政府及防汛指挥机构在防汛抗洪工作中的其他重要职责。

洪水无情，洪水过后开展灾后恢复和救济工作，组织受灾百姓迅速恢复生产，重建家园是各级人民政府应尽的义务。根据本条的规定，各级人民政府有义务做好洪涝灾害后的恢复与救济工作。主要包括：保证受灾群众的居住条件及吃饭、穿衣、喝水等基本生活条件，安排好救灾物资的供应；组织卫生防疫人员深入灾区，密切注意疫情，做好防病工作；加强社会治安，维护社会秩序；尽快修复水毁工程以防再次发生洪水；集中人、财、物，尽快恢复生产和教学等。

蓄滞洪区是防洪体系的重要组成部分，它的主要作用在于：当遇到较大的洪水，超过河道行洪能力时启用蓄滞洪区分蓄洪水，以牺牲蓄滞洪区的代价确保特定地区的安全。我国江河中下游河道行洪能力普遍不足，在遇到超防御标准的洪水时往往需要启用蓄滞洪区，蓄滞洪区的管理对防洪工作意义重大。而我国目前对蓄滞洪区的建设及管理存在亟待解决的问题：一是蓄滞洪区内的安全设施严重不足，人员转移困难，安全无保障；二是运用后得不到补偿。因此，运用起来难度很大，不能适应防洪工作的需要。为了改变这一现状，使蓄滞洪区的防洪工作具有可靠的法律保障，本法对蓄滞洪区作了专门规定，本条规定了人民政府对蓄滞洪区有依法扶持、补偿和救助的义务。这里所指的扶持、补偿和救助包括财政上和政策上的支持。这项义务不仅是指蓄滞洪区所在地区的人民政府的义务，因运用蓄滞洪区而受益的地区，也有义务对蓄滞洪区进行扶持、补偿和救助。

第五节 防洪工作管理体制

一、《防洪法》第八条

国务院水行政主管部门在国务院的领导下，负责全国防洪的组织、协调、监督、指导等日常工作。国务院水行政主管部门在国家确定的重要江河、湖泊设立的流域管理机构，在所管辖的范围内行使法律、行政法规规定和国务院水行政主管部门授权的防洪协调和监督管理职责。

国务院建设行政主管部门和其他有关部门在国务院的领导下，按照各自的职责，负责有关的防洪工作。

县级以上地方人民政府水行政主管部门在本级人民政府的领导下，负责本行政区域内防洪的组织、协调、监督、指导等日常工作。县级以上地方人民政府建设行政主管部门和其他有关部门在本级人民政府的领导下，按照各自的职责，负责有关的防洪工作。

二、释义

《防洪法》第八条是关于防洪工作管理体制的规定。

防御洪水是一项复杂的系统工程，只有上下游、左右岸、干支流统一考虑，各种防洪措施综合运用，各不同地区、不同部门和不同行业协同配合，才能有效地控制洪水，减轻损失。在防御洪水的过程中，涉及不同地区、不同部门和不同行业的利益，洪水来临时，为了确保国民经济命脉不受损失，从大局上考虑将损失降低到最小程度，有时需要牺牲某一地区的局部利益。因此，防洪工作从客观上要求人民政府的统一领导。另外，我国地域辽阔，水系复杂，防洪工作的具体要求也不尽相同，多年的实践证明有必要在统一领导的基础上实行分级、分部门管理。同时，根据洪水按其重力由高向低，按水系运动的客观规律，又决定了治水必须以流域为基础。任何单一的措施，条块分割的管理体制都不能适应防洪工作的需要。因此，本条在总结我国防洪工作多年经验的基础上确定了我国防洪工作的管理体制采取统一领导，分级、分部门管理，流域管理和行政区域管理相结合的制度。

根据本条的规定，国务院统一领导全国防洪工作；国务院水行政主管部门作为其职能部门，主管全国防洪工作。国务院水行政主管部门有义务在国务院的领导下，负责全国防洪的组织、协调、监督、指导等日常工作。

根据本条的规定，县以上的地方人民政府水行政主管部门有义务在本级人民政府的领导下，负责本行政区域内防洪的组织、协调、监督、指导等日常工作。

根据洪水的流域性特点，防洪工作在由县级以上地方人民政府统一领导和管理的同时，我国在长期的防洪实践中确立了在重要的江河、湖泊，由流域管理机构对有关流域的防洪工作进行协调和监督管理的制度。流域管理机构是国务院水行政主管部门的派出机构，代表国务院水行政主管部门依法行使职权。设立流域管理机构，便于我国防洪工作的统一领导和协调，督促各地区切实贯彻防洪工作方针和统一规划，有利于信息的及时反馈，便于国务院指挥和调度。实践证明，这是一项符合洪水活动规律，对防洪工作有重要意义的制度。因此，本条明确规定，国务院水行政主管部门在国家确定的重要江河、湖泊设立的流域管理机构，在其管辖范围内依法并经依法授权行使防洪协调和监督管理职责。这里所指的“重要江河、湖泊”包括黄河、长江、淮河、海河、辽河、松花江和珠江等七大江河及太湖流域。这也是我国水事法律中对流域管理机构及其职能第一次作出明确规定。

防治洪水，需要有统一的领导，多头治水不是一种科学、有效的治水方法，但是光靠任何单一一个部门或地区都难以完成防洪任务。根据本条的规定，县级以上人民政府建设行政主管部门和其他有关部门在本级人民政府的领导下在防洪工作中负责有关的防洪工作；建设行政主管部门对城市的防洪排涝负有重要责任；交通、铁道、邮电、气象、公安、卫生等部门都应当各司其职，共同做好防洪工作。

三、相关法规

（一）《中华人民共和国防汛条例》（1991 年发布，2011 年修订）

第六条　国务院设立国家防汛总指挥部，负责组织领导全国的防汛抗洪工作，其办事机构设在国务院水行政主管部门。

长江和黄河，可以设立由有关省、自治区、直辖市人民政府和该江河的流域管理机构（以下简称流域机构）负责人等组成的防汛指挥机构，负责指挥所辖范围的防汛抗洪工作，其办事机构设在流域机构。长江和黄河的重大防汛抗洪事项须经国家防汛总指挥部批准后执行。

国务院水行政主管部门所属的淮河、海河、珠江、松花江、辽河、太湖等流域机构，设立防汛办事机构，负责协调本流域的防汛日常工作。

（二）《山东省黄河防汛条例》（2003 年发布，2024 年修正）

第八条 沿黄河的县级以上人民政府防汛指挥机构设立的黄河防汛办公室，负责本行政区域内黄河防汛的日常工作。黄河防汛办公室设在同级黄河河务部门。

各级黄河河务部门的主要负责人应当参与本级防汛指挥机构的指挥工作。

（三）《河南省黄河防汛条例》（2016 年发布，2024 年修正）

第七条 有黄河防汛任务的县级以上人民政府设立防汛指挥机构，由有关部门、当地驻军、人民武装部和黄河河务部门负责人组成，人民政府行政首长担任指挥长。各级防汛指挥机构在上级防汛指挥机构和本级人民政府的领导下，执行上级防汛指令，制定各项防汛措施，统一指挥本行政区域防汛工作。

各级防汛指挥机构的黄河防汛办事机构设在本级黄河河务部门。黄河防汛办事机构在本级人民政府领导下负责本行政区域黄河防汛的日常工作。

第二章　防洪规划

第一节　防洪规划的定义、种类、作用及各类防洪规划之间的关系

一、《防洪法》第九条

防洪规划是指为防治某一流域、河段或者区域的洪涝灾害而制定的总体部署，包括国家确定的重要江河、湖泊的流域防洪规划，其他江河、河段、湖泊的防洪规划以及区域防洪规划。

防洪规划应当服从所在流域、区域的综合规划；区域防洪规划应当服从所在流域的流域防洪规划。

防洪规划是江河、湖泊治理和防洪工程设施建设的基本依据。

二、释义

《防洪法》第九条是关于防洪规划的定义、种类、作用及各类防洪规划之间关系的规定。

防洪规划的概念和特点。防洪规划是为防治洪涝灾害而制定的总体部署。其特点是：第一，防洪规划是一种安排或计划，它规定的是一个时期内的防洪工作。第二，防洪规划是在深入研究有关流域、河段或者区域的自然与社会特点、水文气象资料、洪灾损失的历史经验和现有防洪能力等各种情况，在广泛调查研究的基础上，通过综合比较论证而制定的，它反映的是对某一流域或区域防洪工作的总体要求，对该地区的防洪工作具有普遍意义。第三，防洪规划的主要内容是拟定防洪标准和选择优化的防洪系统，包括对现有河流、湖泊的治理计划及兴修新的防洪工程的战略部署等。第四，相对于流域或区域的综合规划而言，防洪规划是一项专业规划。

防洪规划的种类。防洪规划包括流域防洪规划，其他江河、河段、湖泊的防洪规划及区域防洪规划。流域防洪规划是指黄河、长江、松花江、珠江、淮河、海河、辽河等七大流域及太湖流域的防洪规划；以一个行政区、经济区或地理区为对象制定的水害防治规划为区域防洪规划。

各类规划之间的关系。防洪规划作为专业规划应当服从综合规划；一定区域的防

洪规划应当服从整个流域的防洪规划。综合规划是指综合研究一个流域或区域的水资源开发利用和水害防治的规划。综合规划是根据水具有多种功能的特点，在综合考虑了经济社会发展的需要和可能，统筹兼顾各方面的利益、协调各种关系的基础上，以综合开发利用水资源、兴利除害为基本出发点制定的，其确定的开发目标和方针，选定的治理开发的总体方案、主要工程布局与实施程序都体现了开发利用水资源与防治水害相结合，开发利用和保护水资源服从防洪总体安排的原则。因此，综合规划对防洪规划具有指导意义。防洪规划应当在综合规划的基础上编制，与综合规划相协调。根据洪水的流域性特点，制定区域性的防洪规划也必须以流域的防洪规划为基础。

防洪规划的作用。鉴于上述防洪规划的特点及作用，不难看出，防洪规划应当成为江河、湖泊治理和防洪工程设施建设的基本依据。重视编制防洪规划，全面考虑防洪工作，严格执行防洪规划，就能够保证防洪工作的有序进行，减少重复建设，避免人力、财力和物力的浪费，使各项防洪措施发挥最佳的防洪效益。曾经有一段时期，有的人对防洪规划的重要意义认识不足，认为规划是“纸上画画，墙上挂挂”的事，甚至在防洪工作中违反规划，主观臆断的现象时有发生，有的因不按规划盲目建设导致修建的工程设施不能发挥应有的作用，给国家造成了不必要的损失。因此，本条规定了在江河、湖泊治理和修建防洪工程设施的活动中，必须以防洪规划为依据，这对我国的防洪工作具有十分重要的意义。

第二节　防洪规划的编制机关及制定和修改防洪规划的审批权限

一、《防洪法》第十条

国家确定的重要江河、湖泊的防洪规划，由国务院水行政主管部门依据该江河、湖泊的流域综合规划，会同有关部门和有关省、自治区、直辖市人民政府编制，报国务院批准。

其他江河、河段、湖泊的防洪规划或者区域防洪规划，由县级以上地方人民政府水行政主管部门分别依据流域综合规划、区域综合规划，会同有关部门和有关地区编制，报本级人民政府批准，并报上一级人民政府水行政主管部门备案；跨省、自治区、直辖市的江河、河段、湖泊的防洪规划由有关流域管理机构会同江河、河段、湖泊所在地的省、自治区、直辖市人民政府水行政主管部门、有关主管部门拟定，分别经有关省、自治区、直辖市人民政府审查提出意见后，报国务院水行政主管部门批准。

城市防洪规划，由城市人民政府组织水行政主管部门、建设行政主管部门和其他有关部门依据流域防洪规划、上一级人民政府区域防洪规划编制，按照国务院规定的审批程序批准后纳入城市总体规划。

修改防洪规划，应当报经原批准机关批准。

二、释义

《防洪法》第十条是关于防洪规划的编制机关及制定和修改防洪规划的审批权限的规定。

本条分四款分别规定了四类防洪规划的编制机关及审批权限。第一类是国家确定的重要江河、湖泊的流域防洪规划；第二类是除国家确定的重要江河、湖泊以外的其他江河、河段、湖泊的防洪规划；第三类是区域防洪规划；第四类是城市防洪规划。本条规定各类防洪规划的编制机关及审批权限的原则是：①根据防洪规划所涉及的范围及重要性，结合我国目前防洪工作的管理体制，作出切实可行的规定；②对跨行政区域的江河、河段、湖泊的防洪规划的编制机关和审批权限作出规定，以明确职责，避免相互推诿，保证防洪规划及时、科学地编制；③专门规定了城市防洪规划的编制机关及审批权限，以明确与城市防洪工作有关的各部门在编制防洪规划及审批过程中的地位和作用；④强调防洪规划要以有关的流域、区域及有关的江河、湖泊等的综合规划为依据。

本条第一款所指的重要江河湖泊包括：黄河、长江、松花江、珠江、淮河、海河、辽河等七大江河及太湖流域。所指的防洪规划包括上述江河、湖泊的流域防洪规划和各自的防洪规划。我国上述七大江河及流域，由于其覆盖了我国大部分水域，是洪涝灾害的主要发生地区，因此上述江河、湖泊的流域防洪规划具有全局性，对其他江河、湖泊的防洪规划起着提纲挈领的作用，在所有防洪规划中具有重要意义。其各江河、湖泊及河段的防洪规划对全流域的防洪工作也产生着重要的影响。本条根据这一防洪规划的重要性，规定上述江河、湖泊的防洪规划由国务院批准；编制机关由国务院水行政主管部门牵头，会同国务院有关部门如国家计划行政主管部门、交通行政主管部门、国土资源行政主管部门、建设行政主管部门等及该江河、湖泊所在的省、自治区、直辖市人民政府编制。

除国家确定的重要江河、湖泊外的其他江河、河段、湖泊的防洪规划以及区域防洪规划，由该江河、河段、湖泊所在地的县级以上地方人民政府批准；由所在地的县级以上地方人民政府水行政主管部门牵头，会同当地的计划、建设、交通等部门和有关地区编制。为了加强对上述防洪规划的监督，保证这些规划与流域防洪规划、流域综合规划和各区域综合规划相协调，以确保防洪规划的正确制定和实施，本条还规定，上述防洪规划应当报上一级人民政府水行政主管部门备案。

对于跨省（自治区、直辖市）的江河、河段、湖泊，考虑到既能统筹兼顾各有关地区和有关部门的利益，便于协调，又能及时、有效地完成防洪规划的编制和批准工作，需要授权于有一定权威的机关。因此，本条规定，防洪规划由国务院水行政主管部门批准；由有关的流域管理机构（一般由国务院水行政主管部门确定流域管理机构对某一江河、河段、湖泊的管辖范围）牵头，会同江河、河段、湖泊所在地的各省级人民政府水行政主管部门及当地计划、交通、建设等其他主管部门共同拟定。拟定的草案应当分送各省级人民政府，由其审查提出意见后，方可报国务院水行政主管部门。

城市是我国社会经济发展的重地，人口稠密、财富集中，一遇洪水，所造成的损失往往难以弥补。进入20世纪90年代以来，随着经济的进一步发展，城市防洪已成为整个防洪工作的重中之重，我国许多大城市都制定了城市防洪规划。由于城市防洪规划既与流域防洪规划和有关江河、湖泊的防洪规划密不可分，又是城市建设总体规划的一部分，编制和批准时需要综合考虑，具有一定的复杂性；同时，根据我国现行城市防洪的管理体制，在城市防洪规划的编制和批准过程中又涉及水行政主管部门、建设行政主管部门等部门。根据上述具体情况，本条规定城市防洪规划由城市人民政府组织编制。对审批机关未直接规定，而是授权国务院。

本条最后一款规定了修改防洪规划的审批权限。修改防洪规划是有关机关根据不同时期防洪工作的特点，为适应防洪工作的新要求而进行的对原防洪规划某一项或某几项的修订。根据本条的规定，修改防洪规划，应当报原批准机关批准以体现防洪规划的严肃性。

三、相关规范性文件

《国务院关于黄河流域防洪规划的批复》（国函〔2008〕63号）：

山西省、内蒙古自治区、山东省、河南省、四川省、陕西省、甘肃省、青海省、宁夏回族自治区人民政府，发展改革委、财政部、国土资源部、环境保护部、住房城乡建设部、交通运输部、铁道部、水利部、农业部、林业局、气象局：

水利部《关于审批黄河流域防洪规划的请示》（水规计〔2008〕226号）收悉。现批复如下：

一、原则同意《黄河流域防洪规划》（以下简称《规划》），请你们认真组织实施。力争到2015年，初步建成黄河防洪减淤体系，基本控制洪水，确保黄河下游防御花园口洪峰流量22 000立方米每秒堤防不决口，逐步恢复主槽行洪能力，初步控制游荡性河段河势；基本控制人为产生的水土流失，减轻河道淤积；上中游干流、主要支流重点防洪河段的河防工程基本达到设计标准，重要城市达到规定的防洪标准。到2025年，建成比较完善的防洪减淤体系，基本控制洪水和泥沙。

二、《规划》的实施，要坚持“上拦下排、两岸分滞”调控洪水和“拦、排、放、调、挖”综合处理泥沙的方针，进一步完善以河防工程为基础，水沙调控体系为骨干，水土保持、干流放淤和分滞洪工程措施相结合的流域防洪减淤工程总体布局，辅以防汛抗旱指挥系统建设、防洪调度和洪水风险管理等非工程措施，构建较为完善的流域防洪减淤体系，全面提高黄河流域防御洪水灾害和治理泥沙的综合能力。

三、加强防洪骨干工程建设，不断推进黄河治理。继续加强黄河下游标准化堤防建设，大力开展河道整治，控导河势，提高主槽过流能力；加强河口整治和管理，相对稳定入海流路；加强病险水库除险加固，确保水库安全运行；抓紧做好古贤、东庄水库的前期工作和黑山峡河段开发方案的论证工作，有计划地建设黄河干流和主要支流的控制性防洪减淤水库，逐步完善黄河流域水沙调控体系，拦蓄洪水泥沙，调水调沙；搞好蓄滞洪区和滩区安全建设，完善补偿政策措施。加快黄河上中游干流及主要支流重点防洪河段的河防工程建设。加强城市防洪工程建设，不断完善重点城市防洪工程体系，制订城市防御超标准洪水预案；加大水土流失治理力度，特别是中游多沙粗沙区治理；加强山洪灾害防治，建立健全山洪灾害防灾减灾体系。

四、认真做好规划建设项目的前期工作，按照基本建设程序报批。对防洪工程建设要严格实行项目法人责任制、招标投标制、工程监理制和合同管理制，认真组织，加强监督检查，确保工程质量。

五、加强防洪管理，提高洪水风险管理水平。严格按标准建设堤防，不得超过《规划》确定的标准；河道上特别是河口处的建设项目，必须实行洪水影响评价制度，任何工程建设均不得超越规划治导线。地方各级人民政府及相关单位要加强对防洪设施的管理与维护，确保工程正常运行。黄河流域管理机构要切实履行规划、管理、监督、协调、指导的职责，加强流域防汛抗旱的统一管理和调度，加快流域防汛指挥调度系统建设，全面落实防洪法的配套法规和防洪管理措施，抓紧研究制订防洪骨干水库联合调度运用方案。各类工程在汛期必须服从流域防洪调度。

黄河水少沙多、水沙异源，水旱灾害频繁、复杂难治。黄河流域是中华民族的发祥地，是我国重要的粮棉生产基地和工业基地。《规划》的实施，对保障黄河流域人民群众生命财产安全，促进经济社会又好又快发展，构建社会主义和谐社会，具有十分重要的意义。各有关地区和部门要加强领导，密切配合，精心组织实施，确保黄河流域防洪安全。

国务院

二〇〇八年七月二十一日

第三节　防洪规划保留区的范围、审批权限及保护措施

一、《防洪法》第十六条

防洪规划确定的河道整治计划用地和规划建设的堤防用地范围内的土地，经土地

管理部门和水行政主管部门会同有关地区核定，报经县级以上人民政府按照国务院规定的权限批准后，可以划定为规划保留区；该规划保留区范围内的土地涉及其他项目用地的，有关土地管理部门和水行政主管部门核定时，应当征求有关部门的意见。

规划保留区依照前款规定划定后，应当公告。

前款规划保留区内不得建设与防洪无关的工矿工程设施；在特殊情况下，国家工矿建设项目确需占用前款规划保留区内的土地的，应当按照国家规定的基本建设程序报请批准，并征求有关水行政主管部门的意见。

防洪规划确定的扩大或者开辟的人工排洪道用地范围内的土地，经省级以上人民政府土地管理部门和水行政主管部门会同有关部门、有关地区核定，报省级以上人民政府按照国务院规定的权限批准后，可以划定为规划保留区，适用前款规定。

二、释义

《防洪法》第十六条是关于防洪规划保留区的范围、审批权限及保护措施的规定。

规划保留区制度是《防洪法》为了确保防洪规划顺利贯彻实施而制定的一项重要制度。根据《防洪法》第九条的规定，防洪规划是为防治某一流域、河段或者区域的洪涝灾害而制定的总体部署，其中主要规定了一个时期内有关地区的防洪标准及为了达到这一标准而准备实施的一系列措施，包括江河治理及防洪工程设施建设等。防洪规划的切实贯彻实施，是做好防洪工作、保护人民生命财产安全的根本保障，所以防洪规划一经批准，必须严格执行。防洪规划中所确定的一些工程性措施的实施需要占用一定的土地，有些规划建设的项目需要逐步实施，为了切实保证防洪规划确定的主要建设项目的用地以及保证这一范围内的土地切实用于实施防洪规划确定的建设项目，本条规定了防洪规划保留区制度。

规划保留区制度是世界上一些国家或地区通行的做法。比如日本在其有关河流的法律中有关于预定河道区的规定；我国台湾地区也规定，对于河道治理计划线或堤防预定线内的土地，主管机关可依法征收或限制其使用。我国根据多年来防洪规划效力差，一些建设项目不严格遵守防洪规划的要求，任意占用规划所确定项目的预留建设用地，致使防洪规划中安排拟建的河道治理工程、防洪工程难以实施的实际情况，借鉴一些国家和地区的有效经验，在法律中第一次明确规定了规划保留区的范围、审批权限和保护措施，从而在法律上对防洪规划的贯彻实施给予强有力的保证。这项制度的实施对我国的防洪工作具有重要的现实意义。

规划保留区的范围及核定、审批权限。由于规划保留区的划定涉及国家土地的利用，为了既保证实施防洪规划所必须的用地，又避免造成大片土地的闲置和浪费，确定规划保留区的范围必须慎重，科学合理。根据我国目前的实际情况，考虑到既要保证规划用地，又要使这一规定具有可操作性，本条规定，防洪规划中确定的以下几种工程的用地可以划定为规划保留区，并且根据不同情况适用不同的审批程序：

（1）规划确定的河道整治计划用地和规划建设的堤防用地。河道整治计划用地是指为稳定河势，改善河流边界条件，水流流态，保护堤防、河岸安全而计划进行的护岸、疏浚、裁弯等河道整治工程所需占用的土地。河道整治计划用地和堤防建设用地的范围需经土地管理部门和水行政主管部门会同有关地区核定，报经县级以上地方人民政府按照国务院规定的权限批准。土地管理部门和水行政主管部门在将上述用地范围核定为规划保留区时，如该范围内的土地利用涉及防洪项目以外的其他项目用地时，应当听取有关部门的意见。

（2）防洪规划确定的扩大或者开辟的人工排洪道用地。人工排洪道用地是指在原有河道泄洪能力不足时，为确保防护区的防洪安全，人工修建分泄河道洪水工程所需占用的土地。由于修建或扩建人工排洪道需要占用新的土地，并且通常占地面积较大，涉及范围广，因此本条对其规定了更加严格的审批程序，即由省级以上地方人民政府土地管理部门和水行政主管部门会同有关部门和有关地区核定，报省级以上地方人民政府按照国务院规定的权限批准。

除上述规定范围外的其他规划建设用地应作适当安排，但不应划定为规划保留区，包括规划建设的水利、水电枢纽工程建设用地和水库淹没区。

在规划保留区内采取的保护措施。在规划保留区采取的保护措施主要有两个方面：一是限制规划保留区内的土地使用，根据本条的规定，在规划保留区内不得建设与防洪无关的工矿工程设施，由于特殊原因，国家工矿建设项目确需占用规划保留区内的土地的，应当按照国家规定的基本建设程序报批并同时征求有关水行政主管部门的意见。一般来说，在规划保留区尚需一段时期才实施工程的地区可以搭建一些临时建筑，但不应建设永久性建筑。二是要向社会公告，告知公众规划保留区的范围及其使用目的，使公众知晓在规划保留区内国家对土地使用上的限制。

三、相关法律

《中华人民共和国土地管理法》（1986 年发布，2019 年修正）：

第二十二条　江河、湖泊综合治理和开发利用规划，应当与土地利用总体规划相衔接。在江河、湖泊、水库的管理和保护范围以及蓄洪滞洪区内，土地利用应当符合江河、湖泊综合治理和开发利用规划，符合河道、湖泊行洪、蓄洪和输水的要求。

第二十五条　经批准的土地利用总体规划的修改，须经原批准机关批准；未经批准，不得改变土地利用总体规划确定的土地用途。

经国务院批准的大型能源、交通、水利等基础设施建设用地，需要改变土地利用总体规划的，根据国务院的批准文件修改土地利用总体规划。

经省、自治区、直辖市人民政府批准的能源、交通、水利等基础设施建设用地，需要改变土地利用总体规划的，属于省级人民政府土地利用总体规划批准权限内的，根据省级人民政府的批准文件修改土地利用总体规划。

第四节　建设防洪工程和其他水工程、水电站应当符合防洪规划要求的规定

一、《防洪法》第十七条

在江河、湖泊上建设防洪工程和其他水工程、水电站等，应当符合防洪规划的要求；水库应当按照防洪规划的要求留足防洪库容。

前款规定的防洪工程和其他水工程、水电站未取得有关水行政主管部门签署的符合防洪规划要求的规划同意书的，建设单位不得开工建设。

二、释义

《防洪法》第十七条是关于建设防洪工程和其他水工程、水电站应当符合防洪规划要求的规定。

本条是根据我国目前在防洪工程和其他水工程、水电站的建设中存在的片面追求经济效益或局部利益而不遵守或不严格遵守防洪规划，导致这些工程失去防洪作用，严重威胁防护地区的防洪安全的实际问题而作出的一条有针对性的规定。

根据国民经济发展的要求，我国目前大多数水利建设工程都是兼有防洪、发电、灌溉、航运、渔业等用途的综合性工程，它们既具有防洪的社会效益，同时也具有相当的经济效益。由于防洪工程是我国防治洪水、减轻灾害的主要工程性手段，其他水工程、水电站也全部或部分地承担着防洪的任务，这些工程能否正常发挥其防洪作用直接关系到有关防护地区的人民群众生命财产安全，因此防洪应是水利工程一项重要的任务。水利工程的建设和使用应当符合防洪的总体要求。防洪规划根据一定地区防洪安全的需要对有关的水工程建设从选址到建设标准都有一定的要求，主要是考虑防洪的需要，同时也兼顾了水利工程的经济效益，水利工程的建设只有在符合防洪规划的前提下才能完成预定的防洪任务。但是长期以来，由于缺乏对防洪规划实施的有效监督，一些地方存在着较多地考虑局部利益或单项工程效益的情况，严重影响了防洪规划的实施；有的水库建设由于资金不足等，未达到防洪标准，其堤坝的高度低于规划规定的标准，没有防洪库容；有的水库为了追求经济效益，没有按照规划的规定留足防洪库容，在汛期超限蓄水，致使洪水来临时这些工程难以启用，打乱了防洪工作的总体部署，造成了不良后果。为此，本条根据这一实际情况，从保证防洪规划切实得以贯彻实施出发，规定建设水利工程必须符合防洪规划的要求，水库应当按照防洪

规划的要求留足防洪库容。防洪库容是指最低防洪限制水位至防洪高水位之间的水库容积。

防洪工程和其他水工程、水电站的建设是国家重要的基础设施建设，其投资规模较大。为了保证工程在设计和可行性研究阶段就适应防洪规划的要求，以免在工程建成后因不符合要求而改建造成浪费，本条规定了防洪规划同意书制度。根据本条的规定，防洪工程和其他水工程、水电站的可行性研究报告按照国家规定的基本建设程序报请批准前，应当事先向水行政主管部门申请填具防洪规划同意书，经有关的水行政主管部门签署同意意见后方可报批。规划同意书应当作为可行性研究报告的附件一同上报有关部门。这一规定有利于加强有关工程建设单位的防洪意识，有利于水行政主管部门监督防洪规划的有效实施，有利于保证防洪工程措施科学、到位，为全面执行防洪规划，做好防洪工作打下了坚实的基础。

三、法律责任

关于擅自建设防洪工程和其他水工程的行政法律责任分为行政处罚和行政处分。对违法行为人的行政处罚是指国家特定的行政机关或者法律授权的其他组织对犯有一般违法行为的单位和个人追究的行政责任。

（一）行政处罚法律责任

《防洪法》第五十三条规定："违反本法第十七条规定，未经水行政主管部门签署规划同意书，擅自在江河、湖泊上建设防洪工程和其他水工程、水电站的，责令停止违法行为，补办规划同意书手续；违反规划同意书的要求，严重影响防洪的，责令限期拆除；违反规划同意书的要求，影响防洪但尚可采取补救措施的，责令限期采取补救措施，可以处一万元以上十万元以下的罚款。"

按照《防洪法》第五十三条的规定，发现并经确认有违反本法第十七条的规定，有关水行政主管部门或者流域管理机构应当：

（1）责令停止违法行为，补办规划同意书手续。有关水行政主管部门或者流域管理机构在进行水行政管理和监督检查过程中，发现并经确认有擅自建设防洪工程和其他水工程、水电站的行为的，应当首先责令违法单位立即停止正在进行的活动，到有关水行政主管部门补充办理签署规划同意书的手续。

（2）责令限期拆除。有关水行政主管部门或者流域管理机构在进行水行政管理和监督检查过程中，发现并经确认有违反规划同意书的要求，严重影响防洪的，责令违法行为人限期拆除。

（3）责令限期采取补救措施，罚款。责令限期采取补救措施，是指有关水行政主管部门或者流域管理机构在进行水行政管理和监督检查过程中，发现并经确认有违反《防洪法》第十七条的规定，在建设防洪工程和其他水工程、水电站的过程中违反规划同意书的要求，影响了防洪，但是还可以采取补救措施的情况后，向进行上述违法工程建设的单位发出处罚通知，要求其在一定期限内采取补救措施，消除由于违法建设对防洪造成的影响。同时可以处违法行为人一万元以上十万元以下的罚款，这种罚款不是一种必罚的行政处罚措施，即可以处以罚款也可以不处以罚款，是否处以罚款要根据违法行为的性质、情节和造成的后果大小等实际情况来决定，但如果处以罚款，则只能在一万元以上十万元以下范围内进行处罚。根据《中华人民共和国行政处罚法》的规定，罚款应当全部上缴国库。

（二）行政处分法律责任

《防洪法》第六十四条第一项规定："国家工作人员，有下列行为之一，构成犯罪的，依法追究刑事责任；尚不构成犯罪的，给予行政处分：（一）违反本法第十七条、第十九条、第二十二条第二款、第二十二条第三款、第二十七条或者第三十四条规定，严重影响防洪的。"

四、相关规章

《水工程建设规划同意书制度管理办法（试行）》（2007年水利部令第31号公布，2018年水利部令第49号修改）：

第三条　水利部负责水工程建设规划同意书制度实施的监督管理。

水利部所属流域管理机构（以下简称流域管理机构）和县级以上地方人民政府水行政主管部门按照分级管理权限，具体负责水工程建设规划同意书制度的实施和监督管理。

第五条　下列水工程建设规划同意书，由流域管理机构负责审查并签署：

（一）长江、黄河、淮河、海河、珠江、松花江、辽河的干流及其主要一级支流和太湖以及其他跨省、自治区、直辖市的重要江河上建设的水工程；

（二）省际边界河流（河段）、湖泊上建设的水工程；

（三）国际河流（含跨界、边界河流和湖泊）及其主要支流上建设的水工程；

（四）流域管理机构直接管理的河流（河段）、湖泊上建设的水工程。

前款第一项中的主要一级支流和其他跨省、自治区、直辖市的重要江河，第三项中的主要支流以及第四项中的流域管理机构直接管理的河流（河段）、湖泊的名录和范围由水利部规定。

本条第一款规定以外的其他水工程建设规划同意书，由县级以上地方人民政府水行政主管部门按照省、自治区、直辖市人民政府水行政主管部门规定的管理权限负责审查并签署。

第三章　治理与保护

第一节　防治江河洪水的方法、策略

一、《防洪法》第十八条

防治江河洪水，应当蓄泄兼施，充分发挥河道行洪能力和水库、洼淀、湖泊调蓄洪水的功能，加强河道防护，因地制宜地采取定期清淤疏浚等措施，保持行洪畅通。

防治江河洪水，应当保护、扩大流域林草植被，涵养水源，加强流域水土保持综合治理。

二、释义

《防洪法》第十八条是关于防治江河洪水的方法、策略的规定。

我国是世界上洪水灾害频繁的国家，在经历了历次洪水灾害后，我国劳动人民总结出了一套适合我国国情的防治江河洪水的有效方法，如在江河的中上游修建水库拦蓄洪水，并大力开展水土保持；在下游加固加高堤坝，整治河道，清淤疏浚，安排与建设蓄滞洪区，以蓄滞超标洪水。

河道是洪水下泄的主要通道，并可以形成一定的行洪能力。水库、洼淀、湖泊是调蓄洪水的重要场所，保证必要的调蓄面积，就会给洪水留有容身之地，充分发挥水库、洼淀、湖泊调蓄洪水的功能，就可以调节洪水流量、减轻洪水压力，因此要严禁围湖造田。而要充分发挥河道的行洪能力，就需要加强对河道的治理与保护，避免在河道内设置障碍物阻拦洪水下泄，并定期清除淤积在河道内的泥沙，对河道进行疏浚，保持和增强河道的行洪能力，确保行洪畅通。清淤疏浚是防治江河洪水的一项重要措施，通过定期清淤疏浚，可以逐步把河道置于地面之下，改变地上悬河的危险状况。

1998 年长江流域发生的特大洪水，其中一个重要的原因就是湖泊淤积萎缩，导致湖泊的天然蓄滞能力下降，比较典型的就是洞庭湖。洞庭湖是保证长江安全度汛的主要蓄洪区，也可以说是武汉、江汉平原的救命湖。但是，由于洞庭湖区被大量围垦，使它的调蓄洪水能力严重下降。自 20 世纪 50 年代以来，调蓄洪水的容量减少了 40%。据统计，全国被围的湖泊面积至少有 140 万公顷，减少蓄洪容量 350 多亿立方米。另外一个很重要的原因是，长江上游水土流失严重。由于人为和自然的因素，全国水土流失面积达到367万平方千米，占陆域国土面积的38.2%。水土流失是我国生态环境的一个老大难问题，水土流失在破坏生态环境的同时，又使许多河流的中下游河床提高。如黄河已成为世界上典型的“地上悬河”，每年约有4亿吨泥沙淤积在河道内，河床平均每年抬高10厘米。许多中小河流也由于河道淤积，导致防洪能力下降，大堤加高的作用被河道淤积抵消了。只有进行水土保持综合治理，保护和扩大流域林草植被，涵养水源，才能防止水土流失，保护土壤不受暴雨冲刷，从而减少入河泥沙量，减轻河道淤积。国务院已采取措施，力争通过努力，使我国生态环境有较大改善，明显减少水土流失，改变长江、黄河等大江大河泥沙严重淤积状况。同时，根据条件与可能，对过度开垦、围垦的土地，有计划、有步骤地退耕还林、还牧、还湖，维护生态平衡，改善生态环境。

第二节 整治河道和修建控制引导河水流向、保护堤岸等工程以及规划治导线

一、《防洪法》第十九条

整治河道和修建控制引导河水流向、保护堤岸等工程，应当兼顾上下游、左右岸的关系，按照规划治导线实施，不得任意改变河水流向。

国家确定的重要江河的规划治导线由流域管理机构拟定，报国务院水行政主管部门批准。

其他江河、河段的规划治导线由县级以上地方人民政府水行政主管部门拟定，报本级人民政府批准；跨省、自治区、直辖市的江河、河段和省、自治区、直辖市之间的省界河道的规划治导线由有关流域管理机构组织江河、河段所在地的省、自治区、直辖市人民政府水行政主管部门拟定，经有关省、自治区、直辖市人民政府审查提出意见后，报国务院水行政主管部门批准。

二、释义

《防洪法》第十九条是关于整治河道和修建控制引导河水流向、保护堤岸等工程应当遵循的原则以及规划治导线确定程序的规定。

本条共分为三款。第一款是关于整治河道、修建控制引导河水流向、保护堤岸等工程，应当遵循的原则的规定。河道整治，就是为稳定河槽、改善河流边界条件及水流流态而采取的工程措施。其主要任务是满足防洪、保护城镇等的需要。整治河道的工程措施有以下几种：一是护岸工程，通过修建丁坝、矶头、顺坝、平顺护岸等工程以控制主流，归顺河道，防止堤防和岸滩冲刷，安全泄洪；二是疏浚工程，利用挖泥

船等工具，以及爆破、清除浅滩、暗礁等措施改善河流流态，保持足够的行洪能力；三是裁弯工程及堵汊工程，对过分弯曲河段进行裁弯取直，堵塞汊道等，扩大河道泄洪能力，集中水流。整治河道涉及上下游、左右岸的利益，尤其是对跨行政区划的河道整治，问题更是突出。过去有关地区在整治河道或修建控制河势工程时，大多只考虑本地区的需要，形成不少纠纷。如黄河禹门口至潼关河段是泥沙冲淤变化大、河势摆动频繁的游荡型河段，也是晋陕两省的界河。两岸群众以至两岸政府，为了本地区的利益，修建对自己一方有利的堤坝，任意改变河水流向，浪费了大量人力、财力，既造成不必要的损失，又成为社会不稳定的因素，有的还发生了械斗，造成人员伤亡。形成这种局面很重要的原因之一就是缺乏明确的规划治导线。1990 年国务院批准水利部制定治导控制线。以此为依据，有关行政区已开始解决本地区存在的问题。晋陕两省也团结起来治河，有重点地解决一些突出的紧迫问题，并根据目前河势变化及存在的主要问题，在黄河流域综合规划中继续安排下一步治理的工程措施。

本条关于规划治导线的拟定程序是根据江河的重要程度，并考虑到省际关系的协调，区分不同的江河、河段规定了规划治导线不同的确定程序。

本条第二款是关于国家确定的重要江河的规划治导线拟定程序的规定。其中“规划治导线”是指河道整治后在设计流量下河道的平面轮廓，整治工程按治导线进行布设。国家确定的重要江河主要指长江、黄河、珠江、辽河、淮河、海河和松花江等河流。这七大江河既是我国流域面积、流量及长度居于前列的河流，同时又是城市集中、沿岸人口密集、经济文化发达的荟萃地区。如长江中下游和珠江三角洲等地区，是我国经济较发达的区域，其工农业总产值占全国的四分之三。防洪工作一旦出现疏漏，势必打乱整个国民经济部署，造成人民生命、财产不可估量的损失。因此，这七大江河的防洪工作就成为全国防洪工作的重中之重，其规划治导线的拟定也较为严格和谨慎，由所在的流域管理机构拟定，报国务院水行政主管部门批准。

本条第三款是关于其他江河、河段规划治导线拟定程序的规定。其他江河、河段的规划治导线由县级以上地方人民政府水行政主管部门拟定，报本级人民政府批准。跨省、自治区、直辖市的江河、河段和省、自治区、直辖市之间的省界河道，因其涉及省级行政区域之间的利益和要求，由地方政府制定规划治导线，则利害关系较难协调，因此本条规定，跨省、自治区、直辖市的江河、河段和省、自治区、直辖市之间的省界河道规划治导线由有关流域管理机构组织江河、河段所在的省、自治区、直辖市人民政府水行政主管部门拟定，经有关省、自治区、直辖市人民政府审查提出意见后，报国务院水行政主管部门批准。

三、法律责任

关于未按规定整治河道和修建控制引导河水流向、保护堤岸等工程以及规划治导线的行政法律责任分为行政处罚和行政处分，对违法行为人的行政处罚是指国家特定的行政机关或者法律授权的其他组织对犯有一般违法行为的单位和个人追究的行政责任。

（一）行政处罚法律责任

《防洪法》第五十四条规定："违反本法第十九条规定，未按照规划治导线整治河道和修建控制引导河水流向、保护堤岸等工程，影响防洪的，责令停止违法行为，恢复原状或者采取其他补救措施，可以处一万元以上十万元以下的罚款。"

按照《防洪法》第五十四条的规定，发现并经确认有违反《防洪法》第十九条的规定，有关水行政主管部门或者流域管理机构应当：

（1）责令停止违法行为。有关水行政主管部门或者流域管理机构在进行水行政管理和监督检查过程中，发现并经确认有违反《防洪法》第十九条的规定，未按照规划治导线整治河道和修建控制引导河水流向、保护堤岸等工程，并且影响到防洪的情况后，首先应当责令行为人停止违法行为。

（2）恢复原状或者采取其他补救措施。能够恢复河道原有状态的，有关水行政主管部门或者流域管理机构应当责令违法建设单位拆除已经建设的河道工程或者控制引导河水流向、保护堤岸等工程，恢复河道原有的状况；如果不能恢复河道原貌，但是可以采取其他补救措施进行补救的，有关水行政主管部门或者流域管理机构则应当责令违法建设单位采取其他补救措施，以避免因不按照规划治导线整治河道等，造成河道防洪能力的减弱或河道的破坏。

（3）罚款。有关水行政主管部门或者流域管理机构还可根据不同情况，对违法建设单位处一万元以上十万元以下的罚款。根据《防洪法》第五十四条规定，罚款不是一种必须实施的行政处罚措施，既可以处以罚款也可以不处以罚款。要根据违法行为的性质、情节和造成的后果大小等实际情况来决定是否处以罚款。

（二）行政处分法律责任

《防洪法》第六十四条第一项规定："国家工作人员，有下列行为之一，构成犯罪的，依法追究刑事责任；尚不构成犯罪的，给予行政处分：（一）违反本法第十七条、第十九条、第二十二条第二款、第二十二条第三款、第二十七条或者第三十四条规定，严重影响防洪的。"

四、相关规范性文件

《国务院关于黄河禹门口至潼关河段河道治导控制线规划意见的批复》（国函〔1990〕26号）：

山西、陕西省人民政府，水利部：

水利部《关于协调解决黄河禹门口至潼关段晋陕两省水利纠纷问题的请示》（水

计〔1990〕1号）收悉。国务院同意水利部关于黄河禹门口至潼关河段河道治导控制线的规划意见。现批复如下：

一、两岸凡未经水利部黄河水利委员会（以下简称黄委会）批准的工程，应立即停止施工。

二、两岸严重阻水挑流的工程必须拆除。山西省一侧有汾河口的小石咀工程和屈村、城西两处工程的下段；陕西省一侧有太里、华原、牛毛湾三处工程的下段。对一九八五年黄委会统一管理后，未经批准的已建工程，凡在治导线以内的一律拆除，在治导线以外的等候鉴定和处理。

三、以后新建、续建工程，包括滩区防洪、开发和居民点的设置，必须以“河道治导控制线规划意见”为依据，并经黄委会批准。

四、为切实落实规划意见，需要拆除的工程由晋陕两省及黄委会派有关负责同志组成协调领导小组负责监督实施。今后，要加强黄委会小北干流管理机构的作用，切实发挥其河道管理的职责。

五、治导控制线将是治理黄河河道的依据，也是划分两省边界的依据。

国务院

一九九〇年三月十三日

第三节　整治河道与航运、竹木流放、渔业发展等事业之间关系

一、《防洪法》第二十条

整治河道、湖泊，涉及航道的，应当兼顾航运需要，并事先征求交通主管部门的意见。整治航道，应当符合江河、湖泊防洪安全要求，并事先征求水行政主管部门的意见。

在竹木流放的河流和渔业水域整治河道的，应当兼顾竹木水运和渔业发展的需要，并事先征求林业、渔业行政主管部门的意见。在河道中流放竹木，不得影响行洪和防洪工程设施的安全。

二、释义

《防洪法》第二十条是关于整治河道与航运、竹木流放、渔业发展等事业之间关系的规定。

整治河道、湖泊涉及多方面的关系。整治的目的是防洪，但在确保行洪安全的前提下，还应综合利用，充分发挥河道、湖泊的其他功能，如航运、竹木流放和发展渔业等。我国水运资源丰富，长江、黄河、珠江、淮河、海河、辽河、松花江等七大水系，贯穿南北的京杭大运河，流域面积在1 000平方千米以上的河流5 800多条，河流总长43万千米，大多冬季不冻，水量充沛，具有发展水运的良好条件。从地区分布来看，淮河和秦岭以南地区水运资源丰富，航道条件好。长江、淮河、珠江三个水系的通航里程就占全国通航里程的82.3%，内河货运量占96.4%。从通航能力看，全国内河通航里程是10.9万千米，但能通航1 000吨以上驳船的航道仅4 500千米，占4.2%。

航道是河道、湖泊的通航水域。过去在航道和河道的整治、维护、运行中，矛盾时有发生，有些矛盾，长期难以解决，影响生产。因此，为解决河道与航道整治的关系，本条第一款规定，整治河道、湖泊，首先要考虑防洪需要，同时涉及航道的，还要兼顾航运需要，在整治前要征求交通主管部门的意见；整治航道，不能单纯考虑航运，还要符合防洪安全的要求，在整治前要征求水行政主管部门的意见。此外，在竹木流放的河流和渔业水域，整治河道与竹木流放、渔业生产之间也会彼此影响，整治河道要兼顾竹木流放、渔业发展的需要，事先征求林业、渔业行政主管部门的意见；在河道中流放竹木，有关部门要严格管理，不得影响河道行洪和防洪工程设施的安全。总之，要妥善处理各种利益间的关系，统筹兼顾，在确保防洪安全的前提下，充分发挥河道及其水域的综合功能。

三、相关法律

（一）《中华人民共和国航道法》（2014年发布，2016年修正）

第二十六条　在航道保护范围内建设临河、临湖、临海建筑物或者构筑物，应当符合该航道通航条件的要求。

航道保护范围由县级以上地方人民政府交通运输主管部门会同水行政主管部门或者流域管理机构、国土资源主管部门根据航道发展规划技术等级和航道保护实际需要划定，报本级人民政府批准公布。国务院交通运输主管部门直接管理的航道保护范围，由国务院交通运输主管部门会同国务院水行政主管部门、国务院国土资源主管部门和有关省、自治区、直辖市人民政府划定公布。航道保护范围涉及海域、重要渔业水域的，还应当分别会同同级海洋主管部门、渔业行政主管部门划定。

第二十八条　建设与航道有关的工程，建设单位应当在工程可行性研究阶段就建设项目对航道通航条件的影响作出评价，并报送有审核权的交通运输主管部门或者航道管理机构审核，但下列工程除外：

（一）临河、临湖的中小河流治理工程；

（二）不通航河流上建设的水工程；

（三）现有水工程的水毁修复、除险加固、不涉及通航建筑物和不改变航道原通航条件的更新改造等不影响航道通航条件的工程。

建设单位报送的航道通航条件影响评价材料不符合本法规定的，可以进行补充或者修改，重新报送审核部门审核。

未进行航道通航条件影响评价或者经审核部门审核认为建设项目不符合本法规定的，建设单位不得建设。政府投资项目未进行航道通航条件影响评价或者经审核部门审核认为建设项目不符合本法规定的，负责建设项目审批的部门不予批准。

第三十五条　禁止下列危害航道通航安全的行为：

（一）在航道内设置渔具或者水产养殖设施的；

（二）在航道和航道保护范围内倾倒砂石、泥土、垃圾以及其他废弃物的；

（三）在通航建筑物及其引航道和船舶调度区内从事货物装卸、水上加油、船舶维修、捕鱼等，影响通航建筑物正常运行的；

（四）危害航道设施安全的；

（五）其他危害航道通航安全的行为。

（二）《中华人民共和国渔业法》（1986 年发布，2013 年修正）

第三十二条　在鱼、虾、蟹洄游通道建闸、筑坝，对渔业资源有严重影响的，建设单位应当建造过鱼设施或者采取其他补救措施。

第三十三条　用于渔业并兼有调蓄、灌溉等功能的水体，有关主管部门应当确定渔业生产所需的最低水位线。

第四节　河道、湖泊管理体制和河道、湖泊管理范围划定

一、《防洪法》第二十一条

河道、湖泊管理实行按水系统一管理和分级管理相结合的原则，加强防护，确保畅通。

国家确定的重要江河、湖泊的主要河段，跨省、自治区、直辖市的重要河段、湖泊，省、自治区、直辖市之间的省界河道、湖泊以及国（边）界河道、湖泊，由流域管理机构和江河、湖泊所在地的省、自治区、直辖市人民政府水行政主管部门按照国务院水行政主管部门的划定依法实施管理。其他河道、湖泊，由县级以上地方人民政府水行政主管部门按照国务院水行政主管部门或者国务院水行政主管部门授权的机构的划定依法实施管理。

有堤防的河道、湖泊，其管理范围为两岸堤防之间的水域、沙洲、滩地、行洪区和堤防及护堤地；无堤防的河道、湖泊，其管理范围为历史最高洪水位或者设计洪水

位之间的水域、沙洲、滩地和行洪区。

流域管理机构直接管理的河道、湖泊管理范围，由流域管理机构会同有关县级以上地方人民政府依照前款规定界定；其他河道、湖泊管理范围，由有关县级以上地方人民政府依照前款规定界定。

二、释义

《防洪法》第二十一条是关于河道、湖泊管理体制和河道、湖泊管理范围划定的规定。

我国河流众多，流域面积100平方千米以上的河流有5万多条，总长度约45万千米。水面面积1平方千米以上的湖泊2 300多个，总贮水量为7 088亿立方米。河道是降雨径流的汇集地，又是排水、泄洪的通道，兼有输水、航运、养殖等多功能。因此，河流、湖泊沿岸大多成为人口密集、经济发达的地区。如我国的长江、黄河中下游地区，是我国经济社会发达的区域，集中着全国二分之一的人口、三分之一的耕地、四分之三的工农业总产值，我国的城市也都依水兴建。因此，防止洪水泛滥就成为各个历史时期防洪工作的重点，而其中加强河道管护就成为是否有效完成防洪工作的基础。

加强河道管护必须明确河道、湖泊管理的主体和客体，即由谁来管理、管理多大范围等事项。河流洪水是按照流域水文单元汇集的，上下游、左右岸、干支流联为一体，不可分离，是一个天然的系统，也就是本条所称的水系。其中，“水系”是指由河流的干流和各级支流，以及流域内的湖泊、沼泽或地下暗河形成彼此相连的集合体，又称河系。由于地形、地质构造的不同和气候等因素的影响，各个水系的形状各异，并形成各个水系所具有的独特水文情势。按照自然规律和治水规律的要求，按水系统一管理比较科学，可以统筹兼顾各地区、上下游之间的利益，以求得到最大的效益。因此，确定在国家的重要江河、湖泊（包括长江、黄河、珠江、辽河、淮河、海河和太湖）设立了流域管理机构，各省、自治区、直辖市也设立了许多流域管理机构。根据国务院流域管理机构“三定”方案的规定，流域管理机构是水利部在各个流域的派出机构，在流域范围内代水利部行使水行政职能，按照水利部的授权协同地方执行《水法》，协助水利部负责流域内跨省、市河流及国际界河的治理与防洪安全，统筹各个流域水资源的综合开发、利用和保护，协调流域内省际水事纠纷及行业间的水事矛盾。这就是河道、湖泊按水系统一管理。同时，由于国家行政管理体系是按照行政区域建立的，并以行政区域为单元实施行政管理，所以在河道、湖泊的管理上，也应与国家行政管理体制相衔接，充分发挥各级政府及其水行政主管部门的作用，以提高管理效能。因此，本条规定河道、湖泊管理实行按水系统一管理和分级管理相结合的原则。

按照统一与分级管理相结合的原则，本条第二款规定了河道、湖泊的管理体制是：国家确定的重要江河、湖泊的主要河段，跨省、自治区、直辖市的重要河段、湖泊，省、自治区、直辖市之间的省界河道、湖泊以及国（边）界河道、湖泊，由流域管理机构和江河、湖泊所在地的省、自治区、直辖市人民政府水行政主管部门按照国务院水行政主管部门的划定依法实施管理。其他河道、湖泊，由县级以上地方人民政府水行政主管部门按照国务院水行政主管部门或者国务院水行政主管部门授权的机构的划定依法实施管理。

本条第三、四款是关于河道、湖泊管理范围及其划定的规定。从狭义上讲，河道就是指河流，也就是江河的天然水流和天然河床。但是随着人们整治江河、防治水害、开发水利事业的发展，河道内建设了许多河流整治工程、堤防、护岸工程，河流已经不再是纯自然状态，河道内的各种防洪工程设施已经成为河道不可分割的组成部分。因此，河道的管护也必须从狭义的范畴脱离出来，才能真正达到管护的目的。为加强河道、湖泊的管理，防止在河道、湖泊附近从事有碍其管护的活动，确保防洪安全，需要划定一定的区域作为河道、湖泊的管理范围，由水行政主管部门实施管理。本条第三款将河道分成有堤防的河道和无堤防的河道，并分别规定了河道管理范围划定的原则，即有堤防的河道、湖泊，其管理范围为两岸堤防之间的水域、沙洲、滩地、行洪区和堤防及护堤地；无堤防的河道、湖泊，其管理范围为历史最高洪水位或者设计洪水位之间的水域、沙洲、滩地和行洪区。《河道管理条例》中已有此规定。《防洪法》将《河道管理条例》实施多年来行之有效的规定上升为法律规范，使其更加明确具体。《河道管理条例》颁布实施以来，全国普遍开展了河道、湖泊管理范围的确权划界工作。1992 年原国家土地管理局、水利部联合发布了《国家土地管理局、水利部关于水利工程用地确权有关问题的通知》（〔1992〕国土〔籍〕字第 11 号），对水利工程用地及其管理和保护范围内的土地的划界、登记发证问题作出了规定。河道、湖泊管理范围的具体划定，依照本条第四款的规定，流域管理机构直接管理的河道、湖泊管理范围，由流域管理机构会同有关县级以上地方人民政府依照前款规定界定；其他河道、湖泊管理范围，由有关县级以上地方人民政府依照有无堤防的不同情况分别界定。

三、相关法规规章

（一）《中华人民共和国河道管理条例》（1988 年发布，2018 年修正）

第五条　国家对河道实行按水系统一管理和分级管理相结合的原则。

长江、黄河、淮河、海河、珠江、松花江、辽河等大江大河的主要河段，跨省、自治区、直辖市的重要河段，省、自治区、直辖市之间的边界河道以及国境边界河道，由国家授权的江河流域管理机构实施管理，或者由上述江河所在省、自治区、直辖市的河道主管机关根据流域统一规划实施管理。其他河道由省、自治区、直辖市或者市、县的河道主管机关实施管理。

第二十条 有堤防的河道，其管理范围为两岸堤防之间的水域、沙洲、滩地（包括可耕地）、行洪区，两岸堤防及护堤地。

无堤防的河道，其管理范围根据历史最高洪水位或者设计洪水位确定。

河道的具体管理范围，由县级以上地方人民政府负责划定。

（二）《山东省黄河河道管理条例》（1997 年发布，2024 年修正）

第四条 各级黄河河务部门是其管辖范围内的黄河河道主管机关。

各级黄河河道主管机关在同级人民政府和上级主管机关的领导下进行工作。

县级以上人民政府自然资源、住房城乡建设、交通运输、水行政、海洋渔业、林业等有关部门在各自的职责范围内，配合黄河河道主管机关做好相关的黄河河道管理工作。

第十七条 本条例所称河道管理范围，有堤防的河段为两岸堤防之间的水域、沙洲、滩地（包括可耕地）、行洪区、两岸堤防以及护堤地；无堤防的河段根据设计洪水位确定。

（三）《河南省黄河河道管理办法》（1992 年发布，2017 年修订）

第四条 河南黄河河务局是我省黄河河道主管机关。沿黄河各省辖市、县（市、区）黄河河务局是该行政区域或者管理范围的黄河河道主管机关。

河南黄河河道，根据国务院水行政主管部门划定的等级标准进行管理。

沿黄河县级以上人民政府发展改革、国土资源、环保、交通运输、水利、农业、林业等有关部门，应当在各自职责范围内做好有关的黄河河道管理工作。

第十八条 黄河河道管理范围为黄河两岸堤防之间的水域、沙洲、滩地（包括可耕地）、滞洪区、库区、两岸堤防及护堤地。

无堤防的河道，其管理范围应当根据历史最高洪水位或者设计洪水位确定。

河道的具体管理范围由县级以上人民政府负责划定。

第五节 禁止在河道、湖泊管理范围内进行某些有碍河道行洪、输水活动的规定

一、《防洪法》第二十二条

河道、湖泊管理范围内的土地和岸线的利用，应当符合行洪、输水的要求。

禁止在河道、湖泊管理范围内建设妨碍行洪的建筑物、构筑物，倾倒垃圾、渣土，从事影响河势稳定、危害河岸堤防安全和其他妨碍河道行洪的活动。

禁止在行洪河道内种植阻碍行洪的林木和高秆作物。

在船舶航行可能危及堤岸安全的河段，应当限定航速。限定航速的标志，由交通

主管部门与水行政主管部门商定后设置。

二、释义

《防洪法》第二十二条是关于禁止在河道、湖泊管理范围内进行某些有碍河道行洪、输水活动的规定。

本条明确具体地规定了在河道、湖泊管理范围内禁止从事某些有碍河道行洪、输水的活动。这些禁止性规范，可以直接制约当事人的行为。《水法》对此问题早有明确具体的规定，但是，由于种种原因，有的河道、湖泊甚至处于无人负责的境地，因此不少人认为可以任意占用，废土废渣往里堆，垃圾废物往里倒；有的城市建设、工业建设侵占河床、河滩；有的行洪河道被围垦，种植阻水林木和高秆作物等。这样，国家一方面大量投资修建防洪工程，提高河道行洪能力，整治疏浚河道，改善河道行洪条件，但与此同时，河道中人为地设置行洪、通航障碍，抵消了已经取得的成果，这种情况已经发展到十分严重的程度，并且已经成为防汛抗洪工作中的主要问题。因此，本条明确规定：河道、湖泊管理范围内的土地和岸线的利用，应当符合行洪、输水的要求。禁止在河道、湖泊管理范围内建设妨碍行洪的建筑物、构筑物，倾倒垃圾、渣土，从事影响河势稳定、危害河岸堤防安全和其他妨碍河道行洪的活动。禁止在行洪河道内种植阻碍行洪的林木和高秆作物。在船舶航行可能危及堤岸安全的河段，应当限定航速。限定航速的标志，由交通主管部门与水行政主管部门商定后设置。

本条共分为四款。第一款是关于在河道、湖泊管理范围内的土地和岸线的利用，应当符合行洪、输水要求的原则性规定。

本条第二款是关于在河道、湖泊管理范围内禁止建设妨碍行洪的建筑物、构筑物，倾倒垃圾、渣土，从事影响河势稳定、危害河岸堤防安全和其他妨碍河道行洪活动的规定。在城乡建设和经济建设中，一些地方和单位与水争地、侵占河道建设各种建筑物，围垦河流、湖泊增加耕地，造成河流过流面积减少，泄洪不畅，壅高洪水位，延长了洪水过程，加大了防洪的压力。

本条第三款是关于禁止在行洪河道内种植阻碍行洪的林木和高秆作物的规定。在河道内种植高秆阻水作物和林木，设置阻水渔网，都会影响行洪。由于在河道内种植高秆作物，1996 年 8 月黄河夹河滩的水位比历史最高水位高出 0.67 米，洪峰运行时间是常年的 6 倍左右。由于水位高，使黄河部分河道工程漫顶，大量工程出险，滩区大面积进水。

本条第四款是关于限定航速的规定，即在船舶航行可能危及堤岸安全的河段，应当限定航速。这是因为，船舶航行时所产生的船行波不断冲击堤岸，极有可能危及堤岸安全，特别是在洪峰经过时，由于堤岸受洪水浸泡，本来就极易溃决，如果再加上船舶快速航行产生的船行波冲击，就很容易出现垮堤的情况，因此应当限定航速，以确保堤岸的安全。至于限定航速的标志，依照本条规定，由交通主管部门与水行政主管部门商定后设置。

三、法律责任

（一）行政处罚法律责任

《防洪法》第五十五条规定：“违反本法第二十二条第二款、第三款规定，有下列行为之一的，责令停止违法行为，排除阻碍或者采取其他补救措施，可以处五万元以下的罚款：（一）在河道、湖泊管理范围内建设妨碍行洪的建筑物、构筑物的；（二）在河道、湖泊管理范围内倾倒垃圾、渣土，从事影响河势稳定、危害河岸堤防安全和其他妨碍河道行洪的活动的；（三）在行洪河道内种植阻碍行洪的林木和高秆作物的。”

行为人实施了《防洪法》第二十二条第二款和第三款规定的违法行为，依据《防洪法》第五十五条规定，有关水行政主管部门或者流域管理机构应当：

（1）责令停止违法行为。有关水行政主管部门或者流域管理机构在进行水行政管理和监督检查过程中，发现并经确认有违反《防洪法》第二十二条第二款、第二十二条第三款规定的行为以后，首先应当责令违法单位或者个人在一定的期限内停止正在进行的违法行为。

（2）责令排除阻碍或者采取其他补救措施。同时，有关水行政主管部门或者流域管理机构应当根据违法活动的不同情况，责令行为人排除阻碍或者采取其他补救措施，即以行政命令的方式责令违法进行上述活动的单位或者个人在一定的期限内排除阻碍，比如拆除违法建设的妨碍行洪的建筑物、构筑物，或者由违法行为人清除其倾倒的垃圾、渣土等；或者以行政命令的方式责令违法进行上述活动的单位或者个人在一定的期限内采取其他补救措施消除上述违法活动对防洪造成的影响，比如在不影响河道行洪并保证河道安全、河势稳定的前提下，采取修补被破坏的河道或者堤防等补救措施。

（3）罚款。有关水行政主管部门或者流域管理机构还可以根据不同情况，处5万元以下的罚款。

（二）行政处分法律责任

《防洪法》第六十四条第一项规定：“国家工作人员，有下列行为之一，构成犯罪的，依法追究刑事责任；尚不构成犯罪的，给予行政处分：（一）违反本法第十七条、第十九条、第二十二条第二款、第二十二条第三款、第二十七条或者第三十四条规定，严重影响防洪的。”

四、相关法律法规规章

（一）《中华人民共和国水污染防治法》（1984 年发布，2017 年修正）

第三十七条　禁止向水体排放、倾倒工业废渣、城镇垃圾和其他废弃物。

禁止将含有汞、镉、砷、铬、铅、氰化物、黄磷等的可溶性剧毒废渣向水体排放、倾倒或者直接埋入地下。

存放可溶性剧毒废渣的场所，应当采取防水、防渗漏、防流失的措施。

第三十八条　禁止在江河、湖泊、运河、渠道、水库最高水位线以下的滩地和岸坡堆放、存贮固体废弃物和其他污染物。

第八十五条　有下列行为之一的，由县级以上地方人民政府环境保护主管部门责令停止违法行为，限期采取治理措施，消除污染，处以罚款；逾期不采取治理措施的，环境保护主管部门可以指定有治理能力的单位代为治理，所需费用由违法者承担：

（一）向水体排放油类、酸液、碱液的；

（二）向水体排放剧毒废液，或者将含有汞、镉、砷、铬、铅、氰化物、黄磷等的可溶性剧毒废渣向水体排放、倾倒或者直接埋入地下的；

（三）在水体清洗装贮过油类、有毒污染物的车辆或者容器的；

（四）向水体排放、倾倒工业废渣、城镇垃圾或者其他废弃物，或者在江河、湖泊、运河、渠道、水库最高水位线以下的滩地、岸坡堆放、存贮固体废弃物或者其他污染物的；

（五）向水体排放、倾倒放射性固体废物或者含有高放射性、中放射性物质的废水的；

（六）违反国家有关规定或者标准，向水体排放含低放射性物质的废水、热废水或者含病原体的污水的；

（七）未采取防渗漏等措施，或者未建设地下水水质监测井进行监测的；

（八）加油站等的地下油罐未使用双层罐或者采取建造防渗池等其他有效措施，或者未进行防渗漏监测的；

（九）未按照规定采取防护性措施，或者利用无防渗漏措施的沟渠、坑塘等输送或者存贮含有毒污染物的废水、含病原体的污水或者其他废弃物的。

有前款第三项、第四项、第六项、第七项、第八项行为之一的，处二万元以上二十万元以下的罚款。有前款第一项、第二项、第五项、第九项行为之一的，处十万元以上一百万元以下的罚款；情节严重的，报经有批准权的人民政府批准，责令停业、关闭。

（二）《中华人民共和国河道管理条例》（1988 年发布，2018 年修正）

第十六条　城镇建设和发展不得占用河道滩地。城镇规划的临河界限，由河道主管机关会同城镇规划等有关部门确定。沿河城镇在编制和审查城镇规划时，应当事先征求河道主管机关的意见。

第十七条 河道岸线的利用和建设，应当服从河道整治规划和航道整治规划。计划部门在审批利用河道岸线的建设项目时，应当事先征求河道主管机关的意见。

河道岸线的界限，由河道主管机关会同交通等有关部门报县级以上地方人民政府划定。

第二十一条 在河道管理范围内，水域和土地的利用应当符合江河行洪、输水和航运的要求；滩地的利用，应当由河道主管机关会同土地管理等有关部门制定规划，报县级以上地方人民政府批准后实施。

（三）《山东省黄河河道管理条例》（1997 年发布，2024 年修正）

第十八条 在黄河河道管理范围内，水域和土地的利用应当符合黄河行洪、输水、航运和生态保护的要求。

县级以上人民政府制定的滩区、蓄滞洪区利用规划，应当符合黄河流域综合规划，充分考虑当地群众利益。利用规划中应当含有帮助群众发展经济、提高生活水平的措施以及相应的扶持、补偿和救助制度。

（四）《山东省黄河防汛条例》（2003 年发布，2024 年修正）

第十六条 沿黄河的各级人民政府应当采取措施，确保河道畅通。对滩区、蓄滞洪区内的行洪障碍，按照谁设障、谁清除的原则，依法限期清除。

禁止围湖造地、围垦河道。

黄河备用入海流路内不得建设阻水建筑物、构筑物。

（五）《河南省黄河防汛条例》（2016 年发布，2024 年修正）

第二十条 沿黄河各级人民政府应当在汛期前组织河道安全检查，确保河道行洪畅通。在黄河河道管理范围内禁止建设妨碍行洪的建筑物、构筑物，禁止围垦河道，禁止倾倒垃圾等废弃物，保障防洪、行洪安全。对黄河河道管理范围内的行洪障碍物，按照谁设障、谁清除的原则，由防汛指挥机构责令限期清除；逾期不清除的，由防汛指挥机构组织强行清除，所需费用由设障者承担。

（六）《河南省黄河河道管理办法》（1992 年发布，2017 年修订）

第十四条 黄河河道岸线的利用和建设应当服从河道整治规划。在审批利用河道岸线的建设项目时，发展改革部门应当事先征求黄河河道主管机关的意见。

黄河滩区不得设立新的村镇和厂矿，已从滩区迁移到大堤背河一侧的村镇和厂矿不得迁回滩区。

五、典型案例——×× 公司违法建设 ×× 儿童游乐园案

（一）案情简介

2017 年 8 月，×× 公司未经黄河河道主管机关审批同意在 ×× 黄河滩区开工建设

×× 儿童游乐园，园区占地面积 500 亩，设计建设摩天轮、旋转木马、冒险岛、童话小木屋、精灵森林、彩虹花海等砖混建筑物、构筑物 18 处，建筑面积约 32 800 平方米。项目建设威胁到黄河行洪安全，对滩区生态系统也造成破坏。

该项目位于黄河滩区村庄附近，由当地政府招商引资，用以发展乡村旅游。×× 黄河河务局水政监察人员发现后，当即进行了立案查处。由于建设单位与当地村集体签有土地租赁协议，明确了项目经营期间优先选用当地村民务工等内容，加大了查处工作难度。河务部门先后下达执法文书 34 份，责令停止违法行为，并根据不同时段违法行为进行了行政处罚；国土等部门也多次给予行政处罚，但项目仍继续施工。2018 年汛前，×× 儿童游乐园建成投入运营。

2018 年，在 ×× 委与 H 省人民检察院启动“携手清四乱，保护母亲河”专项行动中，通过河长办将案件移送检察机关，并报请 H 省级黄河河长挂牌督办。×× 检察院对案件进行了调查，向当地政府、环保等部门下达检察建议书，督促相关单位履职尽责，并在项目拆除过程中跟踪核实。H 省 Z 市、H 区两级河长分别签发河长令，责令限期拆除。当地政府组织力量联合执法，对项目进行强制拆除。H 省级总河长、省委书记亲自到现场督导检查。2019 年 5 月，项目所有建筑物全部拆除，河道平整复绿。

（二）法律分析

根据《中华人民共和国防洪法》第二十二条第二款“禁止在河道、湖泊管理范围内建设妨碍行洪的建筑物、构筑物，倾倒垃圾、渣土，从事影响河势稳定、危害河岸堤防安全和其他妨碍河道行洪的活动”的规定，当事人在黄河管理河道范围内，建设妨碍行洪的建筑物、构筑物，倾倒渣土，行为已构成违法。

根据《中华人民共和国防洪法》第五十五条“违反本法第二十二条第二款、第三款规定，有下列行为之一的，责令停止违法行为，排除阻碍或者采取其他补救措施，可以处五万元以下的罚款：（一）在河道、湖泊管理范围内建设妨碍行洪的建筑物、构筑物的；（二）在河道、湖泊管理范围内倾倒垃圾、渣土，从事影响河势稳定、危害河岸堤防安全和其他妨碍河道行洪的活动的”的规定，参照《河南省黄河河务水行政处罚裁量标准》，根据当事人 3 次违法行为的事实、性质、情节、社会危害程度和相关证据，该局执法人员对其立案处罚 3 次，对当事人作出了如下水行政处罚：责令停止违法行为，自行排除阻碍；分别罚款四万八千元、五万元整、五万元整。

（三）典型意义

在国家推动下，黄河流域率先建立“河长 + 检察长”协作机制，为黄河流域生态保护和高质量发展提供司法服务与保障。×× 公司违法建设 ×× 儿童游乐园案此前经有关部门多次办理，仍然未能有效解决，社会各界高度关注。检察机关在充分掌握案情的基础上，主动与省、市、区河长办对接，多次与相关行政机关会商座谈，制定方案，完善措施，增强行政机关履职纠错的主动性、积极性；检察建议发出后检察机关与行政机关保持良性互动引导涉案企业主动参与积极配合，使检察监督权与行政管理权有效衔接，最终促使这一黄河“四乱”突出问题得到解决，实现双赢多赢共赢的办案效果。

第六节 关于禁止围湖造地、围垦河流的规定

一、《防洪法》第二十三条

禁止围湖造地。已经围垦的，应当按照国家规定的防洪标准进行治理，有计划地退地还湖。

禁止围垦河道。确需围垦的，应当进行科学论证，经水行政主管部门确认不妨碍行洪、输水后，报省级以上人民政府批准。

二、释义

《防洪法》第二十三条是关于禁止围湖造地、围垦河流的规定。

我国是一个湖泊较多的国家，面积在 1 平方千米以上的有 2 300 多个，湖泊总面积 7.6 万平方千米，占陆域国土面积的 0.8%左右。就水面面积计算，青藏高原的湖泊面积占 48.4%；东部平原湖泊面积占 31%；内蒙古、新疆湖泊面积占 11.5%；东北平原湖泊面积占 5.7%；云贵高原湖泊面积占 1.4%；其他地区湖泊面积占 2%。但是，长期以来，随着经济的快速发展和人口的不断增加，人与水争地的现象十分严重，特别是长江中下游地区，人口稠密、经济发达，盲目围垦的现象比较普遍，使一些河道过洪断面减小，湖区面积和蓄洪能力锐减，河湖防洪能力下降。对于围湖造田，应当进行历史分析。人类发展生产，改善生活条件，采用围湖造田的办法扩大良田面积，有其历史的必然性。但是，围湖造田给人类造就大片良田的同时，也带来了很多弊端，特别是围湖造田超过一定限度以后，还会带来很大的危害和灾难。由于大面积湖泊被围垦，丧失了吞吐洪水、调蓄洪峰的巨大能力，江河洪水越来越猛，洪水位越来越高，大大增加洪水灾害。围湖造田，不仅对防洪是一大祸害，并且对于排涝、航运、渔业和其他与湖泊有关的综合利用事业，也带来了不少危害。

由于盲目围垦，八百里洞庭越变越小，与新中国成立前期相比，洞庭湖湖面面积由 1949 年的 4 350 平方千米，减少到 1978 年的 2 691 平方千米，调蓄能力由 291 亿立方米减少到 138 亿立方米。大量的超额洪水需要寻找出路，从而造成洞庭湖区洪涝灾害频繁发生的严峻局面。据统计，湖南大水灾年平均次数由 20 世纪 70 年代的 0.25 次上升到 80 年代的 0.5 次，1991 年至 1998 年的 8 年当中就有 6 年发生特大自然灾害。据统计，全国被围垦的湖泊至少有 2 000 多万亩，减少蓄洪容量 350 多亿立方米。河湖防洪能力下降是近年来一些江河防洪形势紧张的重要原因。1998 年长江流域发生了

历史上罕见的特大洪涝灾害，又一次为我们敲响了应当尊重自然规律的警钟，只有尊重自然规律，人类才能得到自然的回报。退田还湖，才是防治江河洪水的一条出路，才能标本兼治，才能使湖区人民安居乐业。目前有些省已开始采取行动，把退田还湖等措施作为解决水患的战略性举措之一。

盲目围湖造地、围垦河道，既破坏了资源与环境，又妨碍了江河行洪、湖泊蓄洪的作用，危害人类自身的安全。河道是行洪的通道，湖泊具有调蓄江河洪水的功能，一旦被围垦，就会影响江河的宣泄能力和湖泊调洪容量，保持河道行洪和湖泊调蓄洪水的能力，对保障防洪安全具有重要意义。早在 1988 年颁布的《水法》就对禁止围湖造地、禁止围垦河流作出了明确规定。《防洪法》在总结《水法》实施多年以来的经验后重新作出规定，将这一问题更加具体、明确。这样，既与《水法》协调一致，又针对防洪的需要，作出更为具体、明确的规定。可以说，这是对《水法》规定的延伸。

三、法律责任

《防洪法》第五十六条规定："违反本法第十五条第二款、第二十三条规定，围海造地、围湖造地、围垦河道的，责令停止违法行为，恢复原状或者采取其他补救措施，可以处五万元以下的罚款；既不恢复原状也不采取其他补救措施的，代为恢复原状或者采取其他补救措施，所需费用由违法者承担。"

按照《防洪法》第五十六条规定，发现并经确认有违反本法第二十三条的规定，有关水行政主管部门或者流域管理机构应当：

（1）责令停止违法行为。有关水行政主管部门或者流域管理机构在进行水行政管理和监督检查过程中，发现并经确认有围湖造地、围垦河道的违法行为以后，应当首先责令违法进行上述活动的单位或者个人在一定的期限内停止围海造地、围湖造地、围垦河道的违法行为。

（2）恢复原状或者采取其他补救措施。有关水行政主管部门或者流域管理机构在责令有关当事人停止违法行为的同时，应当责令相关单位或者个人退地还湖、退地还河，恢复海岸、湖泊、河道原有的状况，或者责令采取其他补救措施进行补救，以避免因此给防洪和防潮带来的威胁。

（3）罚款。有关水行政主管部门或者流域管理机构还可以处五万元以下的罚款。

四、相关法规

（一）《山东省黄河防汛条例》（2003 年发布，2024 年修正）

第十六条　沿黄河的各级人民政府应当采取措施，确保河道畅通。对滩区、蓄滞洪区内的行洪障碍，按照谁设障、谁清除的原则，依法限期拆除。

禁止围湖造地、围垦河道。

黄河备用入海流路内不得建设阻水建筑物、构筑物。

（二）《河南省黄河防汛条例》（2016 年发布，2024 年修正）

第二十条　沿黄河各级人民政府应当在汛期前组织河道安全检查，确保河道行洪畅通。在黄河河道管理范围内禁止建设妨碍行洪的建筑物、构筑物，禁止围垦河道，禁止倾倒垃圾等废弃物，保障防洪、行洪安全。对黄河河道管理范围内的行洪障碍物，按照谁设障、谁清除的原则，由防汛指挥机构责令限期清除；逾期不清除的，由防汛指挥机构组织强行清除，所需费用由设障者承担。

五、典型案例——W 市 ×× 公司违法开发建设高档商品住宅小区案

（一）案情简介

×× 花园是 D 市 ×× 公司投资开发建设的高档商品住宅小区，位于 D 市 H 区 D 市 ×× 大桥 ×× 桥头上游 100 米至 950 米处的 ×× 江滩上，沿城市防洪墙内侧宽 67 ～ 80 米、长 850 米的江滩呈带状展开，总用地面积 39 132 平方米，共建设了 23 栋多层、小高层建筑，总建筑面积 62 773 平方米。项目总投资 1.2 亿元。建设用地是利用原有江滩并通过吹砂筑台而成。该项目 1993 年开始吹砂筑台，1994 年获得批准立项，1997—1998 年开发建设第一期工程，建成 12 栋住宅和 1 栋物业管理楼，建筑面积 20 573 平方米，1999—2001 年开发建设第二期工程，建成 10 栋住宅，建筑面积 42 220 平方米。

2001 年 11 月 19 日媒体将占用 ×× 江滩建设高档商品住宅小区进行曝光后，国家防汛抗旱总指部、水利部、建设部分别派出调查组进行了调查处理。H 省 W 市委、市政府十分重视，召开专题会议进行研究，决定拆除 ×× 高档商品住宅小区，并迅速向中央报告了具体情况。2001 年 12 月，国家防汛抗旱总指挥部向 H 省防汛抗旱指挥部下达了清除通知，2002 年 1 月 9 日、14 日，省、市防汛部门分别下达了清除通知。×× 花园于 2002 年 1 月 25 日、3 月 16 日、3 月 30 日分三次进行爆破拆除。因拆除对开发商和住户造成的经济损失，W 市政府给予了相应的赔偿。由此造成的经济损失超过 2 亿元。

（二）法律分析

该项目未报省级以上人民政府批准，在 ×× 江滩上吹砂筑台建设豪华住宅，违反了《防洪法》第二十三条第二款“禁止围垦河道。确需围垦的，应当进行科学论证，经水行政主管部门确认不妨碍行洪、输水后，报省级以上人民政府批准”。

违反《防洪法》第二十二条“禁止在河道、湖泊管理范围内建设妨碍行洪的建筑物、构筑物”的规定。

（三）典型意义

价值 2 亿多元的违法住宅楼全部被炸除，巨额资产化为乌有，教训深刻。

一是体现了国家法律的权威性，维护了法律的尊严。在 ×× 江防洪堤内吹砂筑台

建设豪华住宅，严重违反了国家有关防洪法规，是不折不扣的违法建筑。1998年《防洪法》施行后，××高档商品住宅小区二期工程继续兴建，使本来可以避免的损失未能避免。依法治国要求有法必依、执法必严，即便付出代价也要拆除违法建筑。从一定意义上讲，炸楼也是一次非常必要的法治教育。

二是给违法审批者、违法行政者敲响了警钟。在××高档商品住宅小区项目的审批过程中，有关行政机关的审批许可违反了有关法律法规，超越了审批权限，而且未能及时依法变更行政行为，这是××高档商品住宅小区项目被迫拆除的根源。有关行政部门手中的权力是人民赋予的，必须依法行政、依法审批，绝不能为了短期利益、局部利益滥用权力。

三是符合广大人民群众的根本利益。依××江而建的H省W市，屡受洪水威胁，许多市民亲身经历过抗洪斗争。即使住在风景优美的小区，在洪水面前，生命财产依然没有保障。孰轻孰重，不难掂量。炸除××高档商品住宅小区，是从确保防洪大局出发，此举符合广大人民群众的根本利益。

第七节　关于处理壅水、阻水工程设施的规定

一、《防洪法》第二十六条

对壅水、阻水严重的桥梁、引道、码头和其他跨河工程设施，根据防洪标准，有关水行政主管部门可以报请县级以上人民政府按照国务院规定的权限责令建设单位限期改建或者拆除。

二、释义

《防洪法》第二十六条是关于处理壅水、阻水工程设施的规定。

这是一条相当严厉的硬规定。责令建设单位限期改建或者拆除壅水、阻水严重的桥梁、引道、码头和其他跨河工程设施，其目的是清除河道障碍物，保障行洪畅通，这是有关水行政主管部门采取的强制性行政措施。所谓壅水，是指由于水流受阻而产生的水位抬高。例如，在河流中建造的闸、坝或桥墩，或有冰凌阻塞时，均能引起壅水。有的河流由于上游修建了水库，洪水得到了调节，使下游河道水量减少，甚至有的断流、枯竭，这样就造成人们思想的麻痹，盲目围垦河道，违法在河道上进行生产和建设，形成人为障碍。特别是在河道中建设桥梁、引道、码头和其他跨河工程设施，如果不符合防洪标准或有关的技术要求，就会成为阻水障碍物。这些活动有的缩小了过洪断面，有的增大了糙率，减小了流速，阻碍了洪水畅泄，形成壅水，抬高水位，降低河道行洪能力，威胁堤防安全。

在河道、湖泊管理范围内建设的桥梁、码头、引道和其他跨河工程设施，一般都是一些国家有计划建设的基础设施或比较重要的工程设施，其重要性是其他一些普通阻水障碍物（如房屋等）所不能相比的。但如果考虑失当，严重阻水，严重影响防洪安全，也要进行处置，只是在程序上严于对普通阻水障碍物的处置。

《河道管理条例》第三十七条规定："对壅水、阻水严重的桥梁、引道、码头和其他跨河工程设施，根据国家规定的防洪标准，由河道主管机关提出意见并报经人民政府批准，责成原建设单位在规定的期限内改建或者拆除。汛期影响防洪安全的，必须服从防汛指挥部的紧急处理决定。"本条是在总结了《河道管理条例》实施多年来的经验后作出上述规定的，使处置主体和处置程序更加完善。实施本条强制性处置措施的主体是有关水行政主管部门报请上级人民政府按照国务院规定的权限实施，也就是县级以上人民政府是实施本条强制性处置措施的主体。处置的客体是对壅水、阻水严重的桥梁、码头、引道和其他跨河工程设施，本条强调的是壅水、阻水"严重的"跨河工程设施，换句话说，对壅水、阻水不严重的跨河工程设施的处置，不适用本条规定。

三、相关法规

《中华人民共和国河道管理条例》（1988 年发布，2018 年修正）：

第三十七条　对壅水、阻水严重的桥梁、引道、码头和其他跨河工程设施，根据国家规定的防洪标准，由河道主管机关提出意见并报经人民政府批准，责成原建设单位在规定的期限内改建或者拆除。汛期影响防洪安全的，必须服从防汛指挥部的紧急处理决定。

第八节　建设工程设施应当符合防洪要求及河道内建设项目审批制度

一、《防洪法》第二十七条

建设跨河、穿河、穿堤、临河的桥梁、码头、道路、渡口、管道、缆线、取水、排水等工程设施，应当符合防洪标准、岸线规划、航运要求和其他技术要求，不得危害堤防安全、影响河势稳定、妨碍行洪畅通；其工程建设方案未经有关水行政主管部门根据前述防洪要求审查同意的，建设单位不得开工建设。

前款工程设施需要占用河道、湖泊管理范围内土地，跨越河道、湖泊空间或者穿越河床的，建设单位应当经有关水行政主管部门对该工程设施建设的位置和界限审查批准后，方可依法办理开工手续；安排施工时，应当按照水行政主管部门审查批准的位置和界限进行。

二、释义

《防洪法》第二十七条是关于建设工程设施应当符合防洪要求及河道内建设项目审批制度的规定。

建设跨河、穿河、穿堤、临河的桥梁、码头、道路、渡口、管道、缆线、取水、排水等工程设施，有可能对防洪产生一定的影响，因此需要建立相应的管理制度。《河道管理条例》第十一条、第十二条对此问题作出了较为具体的规定，即“修建开发水利、防治水害、整治河道的各类工程和跨河、穿河、穿堤、临河的桥梁、码头、道路、渡口、管道、缆线等建筑物及设施，建设单位必须按照河道管理权限，将工程建设方案报送河道主管机关审查同意。未经河道主管机关审查同意的，建设单位不得开工建设”，“建设项目经批准后，建设单位应当将施工安排告知河道主管机关”，“修建桥梁、码头和其他设施，必须按照国家规定的防洪标准所确定的河宽进行，不得缩窄行洪通道”，“桥梁和栈桥的梁底必须高于设计洪水位，并按照防洪和航运的要求，留有一定的超高。设计洪水位由河道主管机关根据防洪规划确定”，“跨越河道的管道、线路的净空高度必须符合防洪和航运的要求”。同时，为加强在河道管理范围内进行建设的管理，确保江河防洪安全，保障人民生命财产安全和经济建设顺利进行，根据《水法》和《河道管理条例》的规定，水利部、国家计划委员会于1992年4月3日颁发了《河道管理范围内建设项目管理的有关规定》，将河道管理范围内建设项目的管理更加具体化、规范化。《防洪法》在总结《河道管理条例》实施多年来的经验后将这一问题上升为法律，使其更具有权威性，从而确保防洪安全。

依照本条规定，建设跨河、穿河、穿堤、临河的桥梁、码头、道路、渡口、管道、缆线、取水、排水等工程设施，应当符合防洪标准、岸线规划、航运要求和其他技术要求，不得危害堤防安全，影响河势稳定、妨碍行洪畅通；其中的工程建设方案应当经有关水行政主管部门根据前述防洪要求审查同意。工程经过批准后，在动工兴建上述工程建设设施前，建设单位应当经有关水行政主管部门对该工程设施建设的位置和界限审查批准后，方可依法办理开工手续；安排施工时，应当按照水行政主管部门审查批准的位置和界限进行。

《河道管理条例》和本条关于河道管理范围内建设项目审批制度的规定，其管理的对象是不一样的，《河道管理条例》第十一条规定的管理对象较宽，即“修建开发水利、防治水害、整治河道的各类工程和跨河、穿河、穿堤、临河的桥梁、码头、道路、渡口、管道、缆线等建筑物及设施”；而本条则将上述管理对象加以区别，并规定了不同的管理制度：对于“建设跨河、穿河、穿堤、临河的桥梁、码头、道路、渡口、管道、缆线、取水、排水等工程设施”适用本条关于河道管理范围内建设项目审批制度的规定；对于防洪工程和其他开发水利、防治水害、整治河道等工程，则适用本法第十七条关于规划同意书制度的规定，即“在江河、湖泊上建设防洪工程和其他水工程、水电站等，应当符合防洪规划的要求；水库应当按照防洪规划的要求留足防洪库容”。

规划同意书与河道管理范围内建设项目审批制度都是对河道管理范围内建设项目实施审批管理的制度。但是它们的管理对象不同，规划同意书制度的管理对象是江河、湖泊上建设的防洪工程和其他水工程、水电站等，其主要目的是审查这些工程建设是否符合防洪规划的要求，确保防洪规划的正确实施。河道管理范围内建设项目的审批管理制度是针对河道管理范围内建设的跨河、穿河、穿堤、临河的桥梁、码头、道路、渡口、管道、缆线、取水、排水等非水工程设施，是使这些工程设施建设符合防洪等各项技术要求，保证河道安全和行洪通畅。

三、法律责任

《防洪法》第五十七条规定：“违反本法第二十七条规定，未经水行政主管部门对其工程建设方案审查同意或者未按照有关水行政主管部门审查批准的位置、界限，在河道、湖泊管理范围内从事工程设施建设活动的，责令停止违法行为，补办审查同意或者审查批准手续；工程设施建设严重影响防洪的，责令限期拆除，逾期不拆除的，强行拆除，所需费用由建设单位承担；影响行洪但尚可采取补救措施的，责令限期采取补救措施，可以处一万元以上十万元以下的罚款。”

按照《防洪法》第五十七条规定，发现并经确认有违反《防洪法》第二十七条的规定，有关水行政主管部门或者流域管理机构应当：

（1）责令停止违法行为，补办审查同意或者审查批准手续。有关水行政主管部门或者流域管理机构在进行水行政管理和监督检查过程中，发现并经确认有未经水行政主管部门对其工程建设方案审查同意或者未按照水行政主管部门审查批准的位置、界限，在河道、湖泊管理范围内从事工程设施建设活动这些违法行为以后，首先应当责令有上述违法行为的单位或者个人在一定的期限内停止正在进行的违法建设，到有关水行政主管部门补办有关审查同意或者审查批准手续。

（2）责令限期拆除。有关水行政主管部门或者流域管理机构在责令有关当事人停止违法行为的同时，对工程设施建设严重影响防洪的，应当责令违法单位或者个人在一定的期限内拆除已经违法建设的工程；如果当事人超过期限仍不拆除的，由有关水行政主管部门强行拆除，拆除所需的费用由建设单位或个人承担。

（3）责令限期采取补救措施，罚款。对于那些虽然影响行洪但尚可采取补救措施的，应当责令违法单位或者个人限期采取补救措施，以避免给行洪带来影响。此外，水行政主管部门或者流域管理机构还可以根据不同情况，处一万元以上十万元以下的罚款。

四、相关法规

（一）《山东省黄河河道管理条例》（1997 年发布，2024 年修正）

第十一条　在黄河河道管理范围内修建跨河、拦河、临河、穿河、跨堤、穿堤的桥梁、浮桥、闸坝、码头、渡口、道路、管道、缆线以及其他各类建筑物和设施，或者在堤岸设置引水、提水、排水工程，建设单位应当向黄河河道主管机关提出申请并报送工程建设方案；工程建设方案未经黄河河道主管机关审查同意，建设单位不得开工建设。

建设项目按照国家有关规定验收后方可启用，并纳入黄河防洪安全的统一管理。

（二）《河南省黄河防汛条例》（2016 年发布，2024 年修正）

第二十三条　在黄河河道管理范围内建设跨河、穿河、穿堤、临河的桥梁、码头、道路、渡口、管道、缆线、取水、排水等工程设施，应当符合黄河防洪标准和其他技术要求，不得危害堤防安全、影响河势稳定、妨碍行洪畅通、擅自改变水域和滩地用途、降低行洪和调蓄能力、缩小水域面积；确实无法避免降低行洪和调蓄能力、缩小水域面积的，应当同时建设等效替代工程或者采取其他功能补救措施。

建设单位或者管理使用单位，应当在每年汛期前制定度汛方案并组织实施，落实防守责任，服从防汛指挥机构的监督检查以及防汛指令。黄河河务部门应当给予技术指导。

（三）《河南省黄河河道管理办法》（1992 年发布，2017 年修订）

第九条　在黄河河道上修建开发水利、防治水害、整治河道的各类工程和跨河、穿河、穿堤、临河的桥梁、码头、渡口、道路、管道、缆线等建筑物及设施，建设单位必须按照河道管理权限，将工程建设方案报送黄河河道主管机关审查同意。未经黄河河道主管机关审查同意的，建设单位不得开工建设。

建设项目经批准后，建设单位应当将施工安排告知黄河河道主管机关。

五、典型案例——S 省 P 县违法建设 ×× 码头案

（一）案情简介

S 省 P 县 ×× 码头位于 S 省 P 县 ×× 库区管理范围内。2013 年，×× 市交通运输局批复建设 ×× 客运码头，共计投资 81.64 万元。码头长约 50 米，全部伸入黄河河道，对河道行洪和库区调度造成较大影响。该建设项目未经河务部门和当地水行政主管部门批准，且长期占而不用，属典型“乱建”问题。

2019 年 11 月，×× 水政监察支队对 ×× 库区河段进行了全面排查。通过向附近村民及 P 县水利局、交通运输局调查了解，×× 码头属于交通运输局建设项目，未经河务部门和当地水行政主管部门办理涉河项目审批手续，并且自建成以后，一直未能正常投入使用。根据全国河湖“清四乱”专项行动和 ×× 委有关工作要求，将该项目列入 ×× 库区河段“四乱”项目台账。

由于该项目是P县发展黄河旅游业的建设项目，且已经××市交通运输局批复，在查处过程中重重受阻。为切实推进违法项目的拆除工作，××水政监察支队充分调查取证，多次约谈县、乡河长和水行政主管部门负责人，督促地方河长办对××码头进行拆除。期间，××市河长办携P县河长办曾多次到S省黄河河务局、S省水利厅及××委提请为××码头补办审批手续。但是，考虑到项目对河道行洪的影响，为维护河道正常水事秩序，各单位均未同意。

2020年7月，S省黄河河务局向P县人民政府致函，要求限期对××码头进行拆除，恢复库区河道原貌。2020年8月，P县河长办组织水利、交通、乡镇政府等有关部门和单位启动码头拆除工作。截至8月13日，码头全部拆除完毕，建筑垃圾清运出河道，库区恢复了原貌。

（二）法律分析

S省P县交通运输局未经黄河河道主管机关审查同意，在黄河河道管理范围内建设旅游码头，违反了《防洪法》第二十七条“建设……临河的桥梁、码头、道路、渡口……等工程设施……其工程建设方案未经有关水行政主管部门根据前述防洪要求审查同意的，建设单位不得开工建设”的规定。

依据《防洪法》第五十七条“违反本法第二十七条规定，未经水行政主管部门对其工程建设方案审查同意或者未按照有关水行政主管部门审查批准的位置、界限，在河道、湖泊管理范围内从事工程设施建设活动的，责令停止违法行为，补办审查同意或者审查批准手续；工程设施建设严重影响防洪的，责令限期拆除，逾期不拆除的，强行拆除，所需费用由建设单位承担；影响行洪但尚可采取补救措施的，责令限期采取补救措施，可以处一万元以上十万元以下的罚款”的规定，对S省P县××码头进行了拆除整改。

（三）典型意义

该码头的拆除，确保了行洪安全，维护了××库区正常水事秩序，彰显了水法规的权威。通过本案，××部门结合辖区河道监管实际，开展有针对性的普法宣传活动，不断增强沿黄群众及地方各部门对黄河保护的法治意识，为水行政管理营造良好的社会环境。

第九节 关于水行政主管部门有权对河道内建设进行监督检查的规定

一、《防洪法》第二十八条

对于河道、湖泊管理范围内依照本法规定建设的工程设施，水行政主管部门有权依法检查；水行政主管部门检查时，被检查者应当如实提供有关的情况和资料。

前款规定的工程设施竣工验收时，应当有水行政主管部门参加。

二、释义

《防洪法》第二十八条是关于水行政主管部门有权对河道内建设进行监督检查的规定。

为了确保防洪安全，也为了保障《防洪法》有效地实施，很重要的一条就是加强水行政主管部门对河道管理范围内各项建设和其他活动的监督管理。《防洪法》明确了水行政主管部门对河道防护的监督管理权，即各级水行政主管部门有权检查在河道、湖泊管理范围内建设的工程设施，这是法律赋予水行政主管部门的监督检查权。

在河道、湖泊管理范围内建设的工程设施，是否符合防洪的要求，一方面需要建设单位本身严格按照《防洪法》的有关规定进行施工；另一方面也需要水行政主管部门进行监督检查，以确保河道、湖泊管理范围内建设的工程设施符合防洪要求。水行政主管部门进行监督检查时，被检查者应当如实提供有关的情况和资料，这既是对被检查者规定的义务，又是水行政主管部门履行职责监督工程设施符合防洪要求的必备条件。河道、湖泊管理范围内建设的工程设施竣工验收时，应当有水行政主管部门参加，竣工验收合格的，才可交付使用；否则，不得交付使用。

三、相关法规

（一）《河南省黄河工程管理条例》（1982 年发布，2020 年修正）

第十四条　在堤防工程管理范围内经批准修建的工程，必须符合防洪安全规定，黄河河务部门有权对施工进行监督、检查。工程竣工验收时，应当有黄河河务部门参加，签字同意，方为有效。工程运用期间，应当接受黄河河务部门监督。

堤防工程管理范围内已建工程，凡不符合防洪安全规定的，管理使用单位必须进行加固、改建或拆除，费用由管理使用单位承担。

（二）山东省黄河河道管理条例（1997 年发布，2024 年修正）

第三十三条　非黄河河道主管机关在河道管理范围内投资修建的涵闸以及堤防、险工、控导（护滩）等防洪工程，需要由黄河河道主管机关统一管理的，应当经国家有关部门批准；其他各类工程设施，由建设单位自行管理，但黄河河道主管机关有权对其防汛和运行情况进行监督检查。

第四章　防洪区和防洪工程设施的管理

第一节　在洪泛区、蓄滞洪区内非防洪建设项目的洪水影响评价制度

一、《防洪法》第三十三条

在洪泛区、蓄滞洪区内建设非防洪建设项目，应当就洪水对建设项目可能产生的影响和建设项目对防洪可能产生的影响作出评价，编制洪水影响评价报告，提出防御措施。洪水影响评价报告未经有关水行政主管部门审查批准的，建设单位不得开工建设。

在蓄滞洪区内建设的油田、铁路、公路、矿山、电厂、电信设施和管道，其洪水影响评价报告应当包括建设单位自行安排的防洪避洪方案。建设项目投入生产或者使用时，其防洪工程设施应当经水行政主管部门验收。

在蓄滞洪区内建造房屋应当采用平顶式结构。

二、释义

《防洪法》第三十三条是关于在洪泛区、蓄滞洪区内非防洪建设项目的洪水影响评价制度的规定。

确立洪水影响评价制度的必要性。本条规定的洪水影响评价制度，是本法关于防洪区内防洪措施中的重要内容。确立这项制度，其必要性体现在以下几个方面：

第一，适应防洪需要，有利防灾减灾。洪泛区、蓄滞洪区是受洪水威胁较为严重的地区，为防患于未然，在这些地区内的各项生产建设活动必须充分考虑洪水的威胁，采取相应的防御措施，其中的非防洪建设项目，有必要在开工建设前对洪水影响进行评价并采取防洪措施。

第二，严格非防洪建设项目审批程序，加强水行政主管部门在防洪工作中的监督管理作用，并制止非防洪建设项目的盲目立项，促进防洪工作制度化、规范化。

第三，历史经验和教训证明，忽视水患，盲目建设，甚至挤占防洪工程设施及其用地，不仅影响防洪安全，也会造成严重的社会、经济损失。

洪水影响评价制度的内容和程序。本条规定，在洪泛区、蓄滞洪区内建设各种非

防洪建设项目，应当就洪水对建设项目可能产生的影响和建设项目对防洪可能产生的影响作出评价，编制洪水影响评价报告，提出防御措施。根据这一规定，洪水影响评价制度包括以下四个方面的内容：一是洪水对建设项目可能产生的影响作出评价，如建设项目的选址，是否为洪水可能淹及的地区。二是建设项目对防洪可能产生的影响作出评价，如建设项目是否挤占了防洪工程设施及其用地，是否阻碍行洪等。也就是说，建设项目不仅要考虑防洪需要，也要避免对现有防洪工程设施的破坏、侵占等。三是在作出上述评价之后，提出建设项目防御洪水的措施，对需要建设有关防洪工程设施保护的，提出有关工程设施建设的方案；需要非工程性措施的，提出建设项目防洪、避洪的办法。四是在作出洪水影响评价和提出防御洪水的措施后，编制书面的洪水影响评价报告，以备有关水行政主管部门审查。建设单位应当将其编制的洪水影响评价报告和拟定的防御洪水措施提交有关水行政主管部门审查，未经有关水行政主管部门同意，建设单位不得开工建设。

蓄滞洪区内能源、交通等基础设施的洪水影响评价制度的特别规定。油田、铁路、公路、矿山、电厂、电信设施和管道等设施，是重要的基础设施，具有重要的社会、经济价值，在国民经济中具有重要地位。对这类基础设施的安全性要求较高，尤其是在蓄滞洪区内，安全性尤为重要。为避免和减少洪水影响，保障基础设施的安全，本条对这类设施的洪水影响评价作出特别规定，即洪水影响评价的内容应当包括建设单位自行安排的防洪、避洪方案；建设项目投入生产或使用时，其防洪工程设施应当经水行政主管部门验收。这样规定的目的，在于保证有关基础设施自身具备一定的防洪避洪能力。

房屋建设的特殊要求。实践证明，在蓄滞洪区内，各种建筑物在洪水淹及时往往成为当地群众暂时躲避洪水的“安全岛”，对减少人民生命、财产损失发挥了不可忽视的作用，成为蓄滞洪区内群众紧急避洪的有效方式。为了保证人民生命财产安全，本条在规定了非防洪建设项目洪水影响评价制度的同时，对房屋建设作出了特别规定，即各种房屋应当采用平顶式结构。这里的房屋，应当包括学校、机关、企业事业单位等建设的各种永久性建筑物。

三、法律责任

（一）建设非防洪建设项目未编制洪水影响评价报告的法律责任

《防洪法》第五十八条第一款规定：“违反本法第三十三条第一款规定，在洪泛区、蓄滞洪区内建设非防洪建设项目，未编制洪水影响评价报告或者洪水影响评价报告未经审查批准开工建设的，责令限期改正；逾期不改正的，处五万元以下的罚款。”

按照第五十八条第一款规定，行为人如果违反《防洪法》第三十三条第一款规定，在洪泛区、蓄滞洪区内建设非防洪建设项目，未编制洪水影响评价报告的，就应当承担相应的法律责任：

（1）责令限期改正。有关水行政主管部门或者流域管理机构在进行水行政管理和监督检查过程中，发现并经确认有违反本法第三十三条第一款的规定，在洪泛区、蓄滞洪区内建设非防洪建设项目而未编制洪水影响评价报告的情况后，应当责令违法单位或者个人在一定的期限内改正这一违法行为，就洪水对建设项目可能产生的影响和建设项目对防洪可能产生的影响作出评价，并编制洪水影响评价报告，提出防御措施。

（2）罚款。如果当事人逾期不改正的，有关水行政主管部门或者流域管理机构对违法当事人处5万元以下的罚款，这是一种必罚的行政处罚措施。处以多少数额的罚款要根据违法行为的性质、情节和造成的后果大小等实际情况来决定，但本款对罚款的上限进行了规定，即只能处以5万元以下的罚款。

（二）防洪工程设施未经验收即投入使用的法律责任

《防洪法》第五十八条第二款规定："违反本法第三十三条第二款规定，防洪工程设施未经验收，即将建设项目投入生产或者使用的，责令停止生产或者使用，限期验收防洪工程设施，可以处五万元以下的罚款。"

按照《防洪法》第五十八条第二款规定，行为人如果违反《防洪法》第三十三条第二款规定，在洪泛区、蓄滞洪区内建设非防洪建设项目，防洪工程设施未经验收，即将建设项目投入生产或者使用的，就应当承担相应的法律责任：

（1）责令停止生产或者使用，限期验收防洪工程设施。有关水行政主管部门或者流域管理机构在进行水行政管理和监督检查过程中，发现并经确认有违反《防洪法》第三十三条第二款的规定，在洪泛区、蓄滞洪区内建设油田、铁路、公路、矿山、电厂、电信设施和管道等建设项目，其防洪工程设施未经验收，即将建设项目投入生产或者使用的情况后，应当责令违法单位停止生产或者使用，并在一定期限以内由水行政主管部门验收其防洪工程设施，然后投入生产或者使用。

（2）罚款。有关水行政主管部门或者流域管理机构在责令违法单位的停止生产或者使用，限期验收防洪工程设施同时，还可以处五万元以下的罚款。

四、相关法规规章

（一）《山东省黄河河道管理条例》（1997年发布，2024年修正）

第十六条　蓄滞洪区的土地利用、开发和各项建设，应当符合蓄滞洪区建设与管理规划，满足防洪要求，保持蓄滞洪能力。蓄滞洪区内不得围湖造田。

（二）《河南省黄河河道管理办法》（1992年发布，2017年修订）

第三十三条　滞洪区土地利用、开发和各项建设应当符合防洪要求，保持蓄洪能力，实现土地的合理利用，减少洪灾损失。

第二节　防洪重点保护对象及保护要求

一、《防洪法》第三十四条

大中城市，重要的铁路、公路干线，大型骨干企业，应当列为防洪重点，确保安全。

受洪水威胁的城市、经济开发区、工矿区和国家重要的农业生产基地等，应当重点保护，建设必要的防洪工程设施。

城市建设不得擅自填堵原有河道沟叉、贮水湖塘洼淀和废除原有防洪围堤。确需填堵或者废除的，应当经城市人民政府批准。

二、释义

《防洪法》第三十四条是关于防洪重点保护对象及保护要求的规定。

各种自然灾害中，洪水灾害往往威胁较大，在目前物质、技术水平，尤其是江河防洪标准还不是很高的情况下，确保关系国家、地区社会、经济稳定和发展的重要地区、单位的防洪安全是至关重要的。本条规定的防洪重点中，大中城市是国家和地区的政治、经济、文化的中心，人口密集，同时又是重要的航空、铁路、公路等交通枢纽；铁路、公路是联结各地区的纽带，是社会和经济运行的交通命脉；大型骨干企业是国民经济的支柱。因此，重点保障这些地区和单位的安全，既保障了国家和地区社会、经济稳定和正常运行，同时也保障了防洪工作中人员、物资的生产、运输和抢险救灾及灾后恢复重建工作能够顺利进行。

受洪水威胁的城市、经济开发区、工矿区和国家重要的农业生产基地等，应当重点保护，建设必要的防洪工程设施。之所以对这些地区如此规定，主要是考虑目前这些地区一旦遭遇洪水，会造成严重的生命、财产损失。我国许多大中城市沿河兴建，受洪水威胁，随着经济的发展，各种经济开发区数量不断增加，城区规模也不断扩大，城市及经济开发区人口密集，各项产业集中。在经济快速发展的同时，应当有相应的防洪措施跟得上去。确保这些地区的防洪安全，首要措施就是建设必要的防洪工程设施，提高防洪标准。这也是本条第二款规定的目的所在，即明确了当前防洪工程设施建设的重点目标，是受洪水威胁的城市、经济开发区、工矿区和国家重要的农业生产基地等需要重点保护的地区。

提高城市防洪能力，不仅要重点建设防洪工程设施，还要处理好城市发展与防洪的关系，维护已有防洪工程设施。根据《防洪法》的规定，城市防洪工程设施既包括人工建设的防洪围堤等工程设施，也包括原有的自然形成的河道沟汊、贮水湖塘洼淀等，这些设施在城市防洪中将发挥重要的行洪、蓄洪作用。由于城市建设发展较快，建设用地紧张，一些地方忽视防洪需要，城市建设擅自侵占、填堵河道和贮水湖塘等现象时有发生，给城市防洪安全带来严重隐患，后果也不堪设想。对此，本条明确规定，城市建设不得擅自填堵原有河道沟汊、贮水湖塘洼淀和废除原有防洪围堤。同时，为适应城市建设与防洪协调发展的需要，本条规定，对确需填堵河道沟汊、贮水湖塘洼淀或者废除已有的防洪围堤的，应当经水行政主管部门审查同意，并报城市人民政府批准。

三、法律责任

《防洪法》第五十九条规定："违反本法第三十四条规定，因城市建设擅自填堵原有河道沟叉、贮水湖塘洼淀和废除原有防洪围堤的，城市人民政府应当责令停止违法行为，限期恢复原状或者采取其他补救措施。"

按照《防洪法》第五十九条规定，由城市人民政府依法追究违法行为人的行政法律责任。城市人民政府在进行监督检查过程中，发现并经确认有违反《防洪法》第三十四条规定，擅自填堵原有河道沟汊、贮水湖塘洼淀和废除原有防洪围堤的违法行为以后，应当：

（1）责令停止违法行为。责令违法单位或者个人立即停止正在进行的填堵或者废除活动。

（2）限期恢复原状或者采取其他补救措施。令违法行为人在一定的期限内，恢复这些河道沟汊、贮水湖塘洼淀或者防洪围堤原有的状况；如果不能恢复河道沟汊、贮水湖塘洼淀或者城市防洪围堤的原貌，但是可以采取其他补救措施进行补救的，则应当责令违法行为人采取其他补救措施，比如重新建造更高标准的防洪围堤等，以避免因此给防洪带来的威胁。

第三节　防洪工程设施管理和保护

一、《防洪法》第三十五条

属于国家所有的防洪工程设施，应当按照经批准的设计，在竣工验收前由县级以上人民政府按照国家规定，划定管理和保护范围。

属于集体所有的防洪工程设施，应当按照省、自治区、直辖市人民政府的规定，划定保护范围。

在防洪工程设施保护范围内，禁止进行爆破、打井、采石、取土等危害防洪工程设施安全的活动。

二、释义

《防洪法》第三十五条是关于防洪工程设施管理和保护的规定。

防洪工程设施保护范围及划定。所谓防洪工程设施的保护范围，是指为保证防洪工程设施的正常运行管理的需要，在防洪工程设施的周边划定的一定范围的地域。在该地域范围内，通过禁止有关影响防洪工程设施正常运行或者威胁防洪工程设施安全的活动，以达到保护防洪工程设施的目的。由于划定保护范围的核心工作，是用地问题。根据《中华人民共和国土地管理法》的规定，本条对防洪工程设施保护范围的划定，区分国有防洪工程设施和集体所有防洪工程设施，分别作出规定：属于国家所有的防洪工程设施，应当按照经批准的设计，在竣工验收前由县级以上人民政府按照国家规定，划定管理和保护范围；属于集体所有的防洪工程设施，应当按照省、自治区、直辖市人民政府的规定，划定保护范围。

对防洪工程设施保护范围内有关活动的强制性要求。划定防洪工程设施保护范围，目的在于保障防洪工程设施的正常运行和安全，防止有关活动对防洪工程设施的运行和安全造成危害和不良影响。对此，本条规定，在防洪工程设施保护范围内，禁止进行爆破、打井、采石、取土等危害防洪工程设施安全的活动。由此可见，防洪工程设施保护范围，就是前述有关活动的禁区，是防洪工程设施的保护区。

三、相关法规规章

（一）《中华人民共和国河道管理条例》（1988 年发布，2018 年修正）

第二十六条　根据堤防的重要程度、堤基土质条件等，河道主管机关报经县级以上人民政府批准，可以在河道管理范围的相连地域划定堤防安全保护区。在堤防安全保护区内，禁止进行打井、钻探、爆破、挖筑鱼塘、采石、取土等危害堤防安全的活动。

第四十五条第二项　违反本条例规定，有下列行为之一的，县级以上地方人民政府河道主管机关除责令其纠正违法行为、赔偿损失、采取补救措施外，可以并处警告、罚款；应当给予治安管理处罚的，按照《中华人民共和国治安管理处罚法》的规定处罚；构成犯罪的，依法追究刑事责任：

（二）在堤防安全保护区内进行打井、钻探、爆破、挖筑鱼塘、采石、取土等危害堤防安全的活动的。

（二）《山东省黄河河道管理条例》（1997 年发布，2024 年修正）

第三十一条　黄河河道各类工程的管理范围，由当地县级以上人民政府依照下列规定划定：

（一）堤防护堤地、控导（护滩）工程护坝地的宽度，按照国家和省人民政府有关规定划定；其宽度超过有关规定的，按现有宽度划定；

（二）险工、滚河防护工程护坝地的宽度，上下游两侧均为十米；

（三）各类涵闸的管理范围为上游防冲槽至下游防冲槽后一百米，渠道坡脚两侧各二十五米。

第三十二条　沿黄河的县级以上人民政府应当在黄河河道管理范围的相连地域划定堤防安全保护区，其范围为临河护堤地以外五十米，背河护堤地以外一百米。

在堤防安全保护区内禁止打井、钻探、爆破、挖塘、采石、取土等危害堤防安全的活动。

第四十七条　违反本条例规定，有下列行为之一的，由黄河河道主管机关责令其限期改正，采取补救措施，并可处以警告、一千元以上五万元以下的罚款；有违法所得的，没收违法所得：

（三）在堤防安全保护区内打井、钻探、爆破、挖塘、采石、取土的。

（三）《河南省黄河河道管理办法》（1992年发布，2017年修订）

第十九条　黄河河道及其主要水工程的管理范围是：

（一）堤防护堤地：兰考县东坝头以上黄河堤左右岸临、背河各三十米；东坝头以下的黄河堤，贯孟堤、太行堤、北金堤以及孟津、孟州和温县黄河堤临河三十米，背河十米；沁河堤临河十米，背河五米。以上堤防的险工、涵闸、重要堤段的护堤地宽度应当适当加宽。

护堤地从堤脚算起，有淤临、淤背区和前后戗的堤段从淤区和堤戗的坡脚算起；各段堤防如遇加高帮宽，护堤地的宽度相应外延。

（二）控导（护滩）工程护坝地：临河自坝头连线向外三十米，背河自联坝坡脚向外五十米。工程交通路坡脚外三米为护路地。

（三）涵闸工程从渠首闸上游防冲槽至下游防冲槽末端以下一百米，闸边墙和渠堤外二十五米为管理范围。

上述工程管理范围用地，原大于规定标准的，保持原边界；现达不到规定标准的，由省辖市、县（市、区）人民政府按照规定标准划定范围，黄河河道主管机关应当按照国家和省规定办理用地手续。

第二十五条　黄河河道堤防安全保护区的范围是：黄河堤脚外临河五十米，背河一百米；沁河堤脚外临河三十米，背河五十米。

库区范围均为安全保护区。

在黄河河道堤防安全保护区内，禁止进行打井、钻探、爆破、开渠、挖窖、挖筑鱼塘、采石、取土等危害堤防安全的活动。

第四十三条第八项　违反本办法规定，有下列行为之一的，由县级以上黄河河道主管机关责令其纠正违法行为、采取补救措施，并可以按照下列标准处以罚款：

（八）在堤防安全保护区内进行打井、钻探、爆破、开渠、挖窖、挖筑鱼塘、采石、取土等危害堤防安全活动的，处一万元以上五万元以下罚款。

第四节 关于保护防洪工程、设施和材料的规定

一、《防洪法》第三十七条

任何单位和个人不得破坏、侵占、毁损水库大坝、堤防、水闸、护岸、抽水站、排水渠系等防洪工程和水文、通信设施以及防汛备用的器材、物料等。

二、释义

《防洪法》第三十七条是关于保护防洪工程、设施和材料的规定。

保护防洪工程和设施的必要性。防洪工程和设施是用于防洪的基础设施。防洪工程设施的安全能否得到保障，关系到一方的人民生命、财产安全。而防洪工程和设施的安全保障，不仅在于其建设和运行的安全管理，也在于防止其遭受人为的破坏。水利设施为保护城镇、耕地、企业和交通的安全，保证工农业生产和整个国民经济的持续、稳定发展作出了巨大贡献。但是，这些防洪设施同时也屡遭人为破坏，有的破坏行为恶劣，不仅造成国家财产损失，也严重威胁到防洪安全，社会危害极大。据统计，破坏防洪工程设施主要表现为以下几种情况：一是不法分子，包括犯罪团伙以防洪工程设施为犯罪对象，大肆盗取防洪设备、器材；二是一些地方在发展经济的过程中，不顾防洪安全，擅自侵占防洪工程设施用地，甚至填毁防洪大堤；三是一些单位和个人法制观念不强，不爱护防洪工程设施。

对破坏、侵占、毁损水库大坝等防洪工程和水文、通信设施及有关防汛器材、物料的，依据《防洪法》第六十条的规定，追究相应的法律责任。

三、法律责任

《防洪法》第六十条规定："违反本法规定，破坏、侵占、毁损堤防、水闸、护岸、抽水站、排水渠系等防洪工程和水文、通信设施以及防汛备用的器材、物料的，责令停止违法行为，采取补救措施，可以处五万元以下的罚款；造成损坏的，依法承担民事责任；应当给予治安管理处罚的，依照治安管理处罚法的规定处罚；构成犯罪的，依法追究刑事责任。"

行为人如果实施了下列行为之一的，就应当根据情节轻重和造成后果的大小等实际情况分别承担行政法律责任、民事法律责任或者刑事法律责任：①破坏、侵占、毁损堤防、水闸、护岸、抽水站、排水渠系等防洪工程的；②破坏、侵占、毁损水文、通信设施的；③破坏、侵占、毁损防汛备用的器材、物料的。

（一）违反《防洪法》的行政法律责任

水行政主管部门或者流域管理机构在进行水行政管理和监督检查过程中，发现并经确认有违反《防洪法》第三十七条规定，破坏、侵占、毁损堤防、水闸、护岸、抽水站、排水渠系等防洪工程和水文、通信设施以及防汛备用的器材、物料的违法行为以后，应当按照《防洪法》第六十条的规定：

（1）责令停止违法行为。有关水行政主管部门或者流域管理机构在进行水行政管理和监督检查过程中，发现并经确认有违反《防洪法》第三十七条规定，破坏、侵占、毁损堤防、水闸、护岸、抽水站、排水渠系等防洪工程和水文、通信设施以及防汛备用的器材、物料的违法行为以后，首先应当责令违法单位或者个人立即停止正在进行破坏、侵占、毁损的活动。

（2）责令采取补救措施。有关水行政主管部门或者流域管理机构在责令有关当事人停止违法行为的同时，还应当责令违法单位或者个人采取补救措施，比如修复被破坏的通信设施等，以避免因此给防洪造成不必要的损失。

（3）罚款。有关水行政主管部门或者流域管理机构还可以对当事人处五万元以下的罚款。

（二）违反《治安管理处罚法》的行政法律责任

《治安管理处罚法》第三十三条第一项规定，有下列行为之一的，处十日以上十五日以下拘留：（一）盗窃、损毁油气管道设施、电力电信设施、广播电视设施、水利防汛工程设施或者水文监测、测量、气象测报、环境监测、地质监测、地震监测等公共设施的。

按照《防洪法》第六十条规定，违法行为人违反《防洪法》规定，破坏、侵占、毁损堤防、水闸、护岸、抽水站、排水渠系等防洪工程和水文、通信设施以及防汛备用的器材、物料，应当给予治安管理处罚的，依照《治安管理处罚法》的规定予以处罚。应当给予治安管理处罚的行为，是破坏、侵占、毁损堤防、水闸、护岸、抽水站、排水渠系等防洪工程和水文、通信设施以及防汛备用的器材、物料，尚未造成严重后果的行为。这种行为本身是以破坏、侵占、毁损堤防、水闸、护岸、抽水站、排水渠系等防洪工程和水文、通信设施以及防汛备用的器材、物料为表现形式的扰乱公共秩序的行为。实施这些行为已经对防洪产生不利影响，但还没有造成严重后果，尚未构成犯罪，应当由公安机关依照《治安管理处罚法》的规定，根据违法行为的实际情况，处以拘留。

（三）民事法律责任

《中华人民共和国民法典》第一百七十九条第一款第八项规定，承担民事责任的方式主要有：（八）赔偿损失。第二百三十八条规定，侵害物权，造成权利人损害的，权利人可以依法请求损害赔偿，也可以依法请求承担其他民事责任。

按照《防洪法》第六十条的规定，违法行为人对堤防、水闸、护岸、抽水站、排水渠系等防洪工程和水文、通信设施以及防汛备用的器材、物料造成损坏的，依法承担民事责任，包括停止损害行为、修复被损坏的防洪工程、设施或者器材、物料以及赔偿因此造成的损失等形式在内的民事责任。

（四）刑事法律责任

《中华人民共和国刑法》第一百一十四条规定："放火、决水、爆炸以及投放毒害性、放射性、传染病病原体等物质或者以其他危险方法危害公共安全，尚未造成严重后果的，处三年以上十年以下有期徒刑。"第一百一十五条规定："放火、决水、爆炸以及投放毒害性、放射性、传染病病原体等物质或者以其他危险方法致人重伤、死亡或者使公私财产遭受重大损失的，处十年以上有期徒刑、无期徒刑或者死刑。过失犯前款罪的，处三年以上七年以下有期徒刑；情节较轻的，处三年以下有期徒刑或者拘役。"第一百二十四条规定："破坏广播电视设施、公用电信设施，危害公共安全的，处三年以上七年以下有期徒刑；造成严重后果的，处七年以上有期徒刑。过失犯前款罪的，处三年以上七年以下有期徒刑；情节较轻的，处三年以下有期徒刑或者拘役。"第二百七十五条规定："故意毁坏公私财物，数额较大或者有其他严重情节的，处三年以下有期徒刑、拘役或者罚金；数额巨大或者有其他特别严重情节的，处三年以上七年以下有期徒刑。"

按照《防洪法》第六十条的规定，违法行为人违反《防洪法》规定，破坏、侵占、毁损堤防、水闸、护岸、抽水站、排水渠系等防洪工程和水文、通信设施以及防汛备用的器材、物料，构成犯罪的，依法追究刑事责任。违反《防洪法》规定，构成犯罪的行为是指违反《防洪法》关于禁止任何单位和个人破坏、侵占、毁损堤防、水闸、护岸、抽水站、排水渠系等防洪工程和水文、通信设施以及防汛备用的器材、物料的规定，情节严重，已经构成犯罪，依照《刑法》的规定应当追究刑事责任的行为。故意犯上述罪的，依照《刑法》第一百一十四条、第一百一十五条第一款、第一百二十四条第一款、第二百七十五条的规定定罪量刑。

四、相关法规规章

（一）《中华人民共和国河道管理条例》（1988 年发布，2018 年修正）

第二十二条　禁止损毁堤防、护岸、闸坝等水工程建筑物和防汛设施、水文监测和测量设施、河岸地质监测设施以及通信照明等设施。

在防汛抢险期间，无关人员和车辆不得上堤。

因降雨雪等造成堤顶泥泞期间，禁止车辆通行，但防汛抢险车辆除外。

第四十五条第一项　违反本条例规定，有下列行为之一的，县级以上地方人民政府河道主管机关除责令其纠正违法行为、赔偿损失、采取补救措施外，可以并处警告、罚款；应当给予治安管理处罚的，按照《中华人民共和国治安管理处罚法》的规定处罚；构成犯罪的，依法追究刑事责任：

（一）损毁堤防、护岸、闸坝、水工程建筑物，损毁防汛设施、水文监测和测量设施、河岸地质监测设施以及通信照明等设施。

（二）《山东省黄河河道管理条例》（1997 年发布，2024 年修正）

第二十条第五项　在黄河河道管理范围内禁止从事下列活动：

（五）损坏黄河工程上的防汛设施、远程监控设施、水文监测和测量设施、标志桩以及通信等附属设施。

第四十五条　违反本条例第二十条第一至五项规定的，由黄河河道主管机关责令其停止违法行为，采取补救措施，并可处以一千元以上五万元以下的罚款。

（三）《河南省黄河河道管理办法》（1992 年发布，2017 年修订）

第二十一条　禁止损毁堤防、护岸、闸坝等水工程建筑物和防汛设施、水文监测和测量设施、河岸地质监测设施以及通信照明等设施。

在防汛抢险和雨雪堤顶泥泞期间，除防汛抢险车辆外，禁止其他车辆通行。

第四十三条第七项　违反本办法规定，有下列行为之一的，由县级以上黄河河道主管机关责令其纠正违法行为、采取补救措施，并可以按照下列标准处以罚款：

（七）损毁堤防、护岸、闸坝等水工程建筑物和防汛设施、水文监测和测量设施、河岸地质监测设施以及通信照明等设施的，处一万元以上五万元以下罚款。

五、典型案例——蔡某某毁损堤防工程案

（一）案情简介

2020 年 2 月 11 日上午，×× 河务局职工在 D 县 ×× 镇 ×× 村黄河险工背坡巡查时，发现当地村民蔡某某正在险工坡脚处用铁锹挖掘坡脚，涉嫌破坏堤防工程。经询问，蔡某某于年初便开始平整此处土地，准备在该处种植农作物。巡查人员当场予以劝阻，并将情况及时报告给 ×× 水政监察大队。

接到报告后，×× 水政监察人员立即赶赴现场调查询问，确认了当事人蔡某某毁损堤防工程的违法事实，当即责令当事人停止挖掘险工背坡坡脚的违法行为。

×× 水政监察大队将案件情况汇报至水政科和局领导，经法制审核，×× 河务局研究决定对该违法行为立案调查。随后，×× 水政监察大队对当事人蔡某某下达了调查（询问）通知书，要求其到水政监察大队接受调查询问。在询问期间，蔡某某辩称：险工背坡坡脚边上的地是其老家的旧宅地基，原来上面种植了树木。2020 年 1—2 月期间，其本人用铁锹和地排车对该处地块进行了平整，刨掉树根，并往坝头背河坡脚处挖了一些，准备来年在这块地上种花生，不清楚其行为违反了《防洪法》的规定，并表示会立即停止违法行为。

时值新型冠状病毒疫情高发期，考虑短时间将险工恢复原状较为困难，×× 水政监察大队对蔡某某下达了责令改正通知书，限其在三个月内恢复险工原貌。

3—5 月，×× 水政监察大队的水政监察员多次到险工现场查看，发现蔡某某并未按照责令改正通知书要求采取补救措施，恢复黄河工程原貌。

5 月 12 日上午，×× 水政监察人员巡查至险工，蔡某某仍正在现场种植花生。执法人员对现场进行勘验：当事人违法挖掘堤脚长 18.6 米、宽 2.9 米、深 2.4 米，土方量 64.73 立方米。

5 月 26 日，×× 河务局进行了重大案件集体讨论。鉴于当事人蔡某某毁损的工程系黄河主要防洪工程，情节严重，态度恶劣，多次实施挖掘，在限期整改的三个月内，拒不采取补救措施，恢复黄河工程原貌，对案件当事人处以罚款处罚并不足以威慑和教育当事人，因此建议按照《治安管理处罚法》处理，由公安机关对于毁损堤防工程的违法当事人处行政拘留处罚。

5 月 27 日，×× 河务局联系 D 县公安局召开河道生态环境保护执法联勤联动工作机制工作会议，向 D 县公安局说明了案件情况。5 月 29 日，D 县公安局依法对当事人蔡某某处以十日拘留处罚。拘留结束后，蔡某某主动恢复了堤防工程原貌。

（二）法律分析

本案中当事人的行为违反了《防洪法》第三十七条“任何单位和个人不得破坏、侵占、毁损水库大坝、堤防、水闸、护岸、抽水站、排水渠系等防洪工程和水文、通信设施以及防汛备用的器材、物料等”的规定。

《防洪法》第六十条规定：“违反本法规定，破坏、侵占、毁损堤防、水闸、护岸、抽水站、排水渠系等防洪工程和水文、通信设施以及防汛备用的器材、物料的，责令停止违法行为，采取补救措施，可以处五万元以下的罚款；造成损坏的，依法承担民事责任；应当给予治安管理处罚的，依照治安管理处罚法的规定处罚；构成犯罪的，依法追究刑事责任。”结合本案具体情况，×× 河务局决定将案件移交 D 县公安局。

根据《中华人民共和国治安管理处罚法》第三十三条第一项“有下列行为之一的，处十日以上十五日以下拘留：（一）盗窃、损毁油气管道设施、电力电信设施、广播电视设施、水利防汛工程设施或者水文监测、测量、气象测报、环境监测、地质监测、地震监测等公共设施的”的规定，本案由公安机关对于毁损堤防工程的违法当事人处以十日拘留的行政处罚。

（三）典型意义

有些黄河堤防工程地处偏僻，当地村民违法种植侵占河道的行为屡禁不止，时常发生，给黄河防洪工程安全运行带来较大的隐患。本案的查处，充分显示了河务部门与公安部门联勤联动机制的优势和作用，在当地引起了强烈的社会反响，起到了“查处一案，震慑一片”的教育作用。

第五章　防汛抗洪

第一节　防汛抗洪工作的责任制度和职责分工

一、《防洪法》第三十八条

防汛抗洪工作实行各级人民政府行政首长负责制，统一指挥、分级分部门负责。

二、释义

《防洪法》第三十八条是关于防汛抗洪工作的责任制度和职责分工的规定。

防汛抗洪工作是一项社会性、综合性很强的工作，涉及社会的各行各业。因此，加强防汛抗洪工作的统一领导，确保汛期的统一指挥和调度，充分发挥各有关部门的作用，确保防汛抗洪工作的顺利进行，首先应当明确防汛抗洪工作的组织和领导责任和工作分工，这是做好防汛抗洪工作的重要保证。根据本条规定，有关防汛抗洪责任制度，包括以下两方面内容：

（1）实行防汛抗洪工作首长负责制，即各级人民政府行政首长对本地区的防汛抗洪工作负责，在防洪过程中，负责组织、指挥和领导。防汛抗洪工作的行政首长负责制，并不是仅适用于汛期，而是一种常年的工作制度。具体讲，各级人民政府行政首长在防汛抗洪工作中的职责主要包括以下七项：

第一，负责组织制定本地区有关防洪的措施、办法。组织做好防汛宣传和思想动员工作，增强政府、部门和广大群众的水患意识。

第二，根据流域总体规划，动员全社会的力量，广泛筹集资金，加快本地区防洪工程的建设，不断提高抵抗洪水的能力。负责督促本地区重大清障项目的完成。

第三，负责组建本地区常设防汛办事机构，协调解决防汛抗洪经费和物资等问题，确保防汛抗洪工作顺利开展。

第四，组织有关部门制定本地区主要江河、重要防洪工程、城镇及居民区的防御洪水和台风的各项措施预案，包括运用蓄滞洪区，并督促各项措施的落实。

第五，掌握本地区汛情，及时作出部署，组织指挥当地群众参加抗洪抢险，坚决执行上级的防汛命令。在防御洪水设计标准内，确保防洪工程的安全；遇有超标准洪水，要采取一切必要措施，尽量减少洪水灾害，切实防止因洪水而造成大量人员伤亡事故。对重大情况，要及时向上级报告。

第六，洪灾发生后，组织各方面力量迅速开展救灾工作，安排好群众生活，尽快恢复生产，修复水毁防洪工程，保持社会稳定。

第七，各级行政首长对防汛抗洪工作必须切实负起责任，确保安全度汛，防止发生重大灾害损失。如因思想麻痹、工作疏忽或处置失当而造成重大灾害后果的，要追究其领导责任，对情节严重的，追究其相应的法律责任。

（2）完善分级、分部门负责制。分级负责是我国行政管理工作的一项基本制度，防汛抗洪工作实行分级负责，符合防汛抗洪工作的实际需要，也是适应行政管理工作的需要。各级人民政府根据分级负责制的要求，应当加强对防汛抗洪工作的领导，采取措施，做好防汛抗洪工作，确保防洪安全，减轻洪水灾害造成的损失。各有关部门在本级人民政府的领导下，服从本级人民政府防汛指挥机构的统一指挥，按照统一部署，根据分工，各司其职，各负其责，密切配合，切实履行本部门的职责。

三、相关法规规章

（一）《中华人民共和国河道管理条例》（1988 年发布，2018 年修正）

第七条　河道防汛和清障工作实行地方人民政府行政首长负责制。

（二）《中华人民共和国防汛条例》（1991 年发布，2011 年修订）

第四条　防汛工作实行各级人民政府行政首长负责制，实行统一指挥，分级分部门负责。各有关部门实行防汛岗位责任制。

（三）《山东省黄河防汛条例》（2003 年发布，2024 年修正）

第四条　黄河防汛工作实行各级人民政府行政首长负责制，统一指挥，分级分部门负责。各有关部门实行防汛岗位责任制。

（四）《河南省黄河防汛条例》（2016 年发布，2024 年修正）

第四条　黄河防汛工作实行各级人民政府行政首长负责制，实行统一指挥，分级分部门负责。各有关部门实行防汛岗位责任制。

（五）《河南省黄河河道管理办法》（1992 年发布，2017 年修订）

第五条　黄河河道防汛和清障工作实行政府行政首长负责制。

沿黄河县级以上人民政府应当按照黄河流域防洪规划要求和国家有关规定，组织制定滩区安全建设规划和土地利用规划，对居住在滩区的居民有计划地组织外迁。

第二节　防汛指挥机构的设置、组成及职责

一、《防洪法》第三十九条

国务院设立国家防汛指挥机构，负责领导、组织全国的防汛抗洪工作，其办事机构设在国务院水行政主管部门。

在国家确定的重要江河、湖泊可以设立由有关省、自治区、直辖市人民政府和该江河、湖泊的流域管理机构负责人等组成的防汛指挥机构，指挥所管辖范围内的防汛抗洪工作，其办事机构设在流域管理机构。

有防汛抗洪任务的县级以上地方人民政府设立由有关部门、当地驻军、人民武装部负责人等组成的防汛指挥机构，在上级防汛指挥机构和本级人民政府的领导下，指挥本地区的防汛抗洪工作，其办事机构设在同级水行政主管部门；必要时，经城市人民政府决定，防汛指挥机构也可以在建设行政主管部门设城市市区办事机构，在防汛指挥机构的统一领导下，负责城市市区的防汛抗洪日常工作。

二、释义

《防洪法》第三十九条是关于防汛指挥机构的设置、组成及职责的规定。

防汛指挥机构的设置。根据本条规定，我国各级防汛指挥机构主要有：

第一，国务院设立的国家防汛指挥机构，其他成员由国务院所属各有关部门、人民解放军、武装警察部队等单位的领导担任。

第二，有防汛抗洪任务的县级以上地方人民政府设置的地方防汛指挥机构，由地方人民政府主要领导人、有关部门、当地驻军、人民武装部负责人等组成。

第三，重要江河、湖泊防汛指挥机构，由有关省、自治区、直辖市人民政府和该江河、湖泊的流域管理机构负责人等组成。

防汛指挥机构的办事机构。防汛抗洪工作是一项长期工作，为保持防汛工作的连续性，有必要设立相应的日常办事机构。根据本条规定，各级防汛指挥机构的办事机构，应当设在同级水行政主管部门。在必要时，也可以在建设行政主管部门设立相应的办事机构，负责城市市区的防汛抗洪日常工作。在国家确定的重要江河、湖泊所管辖范围内，其办事机构设在流域管理机构。

三、相关法规

（一）《中华人民共和国防汛条例》（1991年发布，2011年修订）

第六条　国务院设立国家防汛总指挥部，负责组织领导全国的防汛抗洪工作，其

办事机构设在国务院水行政主管部门。

长江和黄河，可以设立由有关省、自治区、直辖市人民政府和该江河的流域管理机构（以下简称流域机构）负责人等组成的防汛指挥机构，负责指挥所辖范围的防汛抗洪工作，其办事机构设在流域机构。长江和黄河的重大防汛抗洪事项须经国家防汛总指挥部批准后执行。

国务院水行政主管部门所属的淮河、海河、珠江、松花江、辽河、太湖等流域机构，设立防汛办事机构，负责协调本流域的防汛日常工作。

（二）《山东省黄河防汛条例》（2003 年发布，2024 年修正）

第七条　有黄河防汛任务的县级以上人民政府防汛指挥机构，在上级防汛指挥机构和同级人民政府的领导下，组织、领导本行政区域内的黄河防汛工作。

有黄河防汛任务的县级以上人民政府，应当明确同级防汛指挥机构的成员单位以及有关部门的黄河防汛职责。各级防汛指挥机构的成员单位以及有关部门应当按照各自的职责分工，负责有关的黄河防汛工作。

第八条　沿黄河的县级以上人民政府防汛指挥机构设立的黄河防汛办公室，负责本行政区域内黄河防汛的日常工作。黄河防汛办公室设在同级黄河河务部门。

各级黄河河务部门的主要负责人应当参与本级防汛指挥机构的指挥工作。

（三）《河南省黄河防汛条例》（2016 年发布，2024 年修正）

第七条　有黄河防汛任务的县级以上人民政府设立防汛指挥机构，由有关部门、当地驻军、人民武装部和黄河河务部门负责人组成，人民政府行政首长担任指挥长。各级防汛指挥机构在上级防汛指挥机构和本级人民政府的领导下，执行上级防汛指令，制定各项防汛措施，统一指挥本行政区域防汛工作。

各级防汛指挥机构的黄河防汛办事机构设在本级黄河河务部门。黄河防汛办事机构在本级人民政府领导下负责本行政区域黄河防汛的日常工作。

第三节　防御洪水方案制定和地位

一、《防洪法》第四十条

有防汛抗洪任务的县级以上地方人民政府根据流域综合规划、防洪工程实际状况和国家规定的防洪标准，制定防御洪水方案（包括对特大洪水的处置措施）。

长江、黄河、淮河、海河的防御洪水方案，由国家防汛指挥机构制定，报国务院批准；跨省、自治区、直辖市的其他江河的防御洪水方案，由有关流域管理机构会同有关省、自治区、直辖市人民政府制定，报国务院或者国务院授权的有关部门批准。防御洪水方案经批准后，有关地方人民政府必须执行。

各级防汛指挥机构和承担防汛抗洪任务的部门和单位，必须根据防御洪水方案做好防汛抗洪准备工作。

二、释义

《防洪法》第四十条是关于防御洪水方案制定和地位的规定。

防御洪水方案是针对江河、湖泊可能发生的各种量级的洪水，事先确定各类防洪工程，包括水库、闸坝、堤防、蓄滞洪区等的运用标准、时机、方式和承担的具体任务等，并明确各项重要防洪工程启用的批准机关和组织实施者以及围绕防御洪水方案的实施应采取的有关措施的总称。简言之，防御洪水方案是在现有防洪工程设施和自然地理条件下，对可能发生的各种不同类型的洪水预先制定的防御对策和计划安排，是各级人民政府防汛指挥机构实施防洪调度决策和抢险救灾的依据。因此，防御洪水方案是防洪减灾的前提。

防御洪水方案的制定依据。防御洪水方案是防洪减灾的对策和方案，其制定必须符合防洪的实际需要，有科学合理的依据。所谓符合防洪需要，就是有防洪任务的地方、重要江河，都应当制定相应的防御洪水方案；所谓科学合理的依据，是指防御洪水方案应当根据流域综合规划、防洪工程设施的实际状况和国家规定的防洪标准制定。根据《防洪法》的规定，流域综合规划是开发利用水资源和防治水害的综合规划，江河、湖泊治理以及防洪工程设施的建设，应当符合流域综合规划，与流域水资源的综合开发相结合。因此，防御洪水方案应当服从于流域综合规划。

防御洪水方案的制定、审查、批准权限。防御洪水涉及全社会的方方面面，是一项复杂的系统工程，因此防御洪水方案的制定也要求有严格的制定、审批程序，并具备应有的权威性。根据本条的规定，防御洪水方案应当由县级以上有关人民政府负责制定和审批。根据防洪需要，有关的防御洪水方案根据制定和审批权限、程序的不同要求可分为以下几类：①县级以上地方行政区域内的防御洪水方案。凡有防洪任务的县级以上地方人民政府，都应当对本行政区域内的防洪工作制定防御洪水方案。②跨省的其他江河的防御洪水方案，由有关流域管理机构会同有关省级人民政府制定，报国务院或者国务院授权的有关部门批准。其中，对于跨县，或者跨市的防御洪水方案，同样由其共同的上一级人民政府负责制定，即由有关市级人民政府或者省级人民政府制定。③重要江河，即长江、黄河、淮河、海河的防御洪水方案由国家防汛指挥机构制定，报国务院批准。这是因为，重要江河洪水灾害较为严重，防洪任务艰巨，事关大局，并且这些江河流域面积大，每条河流一般都穿越数省，因此本条对其防御洪水方案的制定、审批规定较为严格。

防御洪水方案的法律地位。既然防御洪水方案是指导各级人民政府防汛抗洪的重要对策和方案，防御洪水方案一经制定并批准，就必须严格执行。为保证防御洪水方案的执行，保证防洪工作的顺利进行，本条规定，防御洪水方案经批准后，有关地方人民政府必须执行；各级防汛指挥机构和承担防汛抗洪任务的部门和单位，必须根据防御洪水方案做好防汛抗洪准备工作。

三、相关法规

（一）《中华人民共和国防汛条例》（1991年发布，2011年修订）

第十一条　有防汛任务的县级以上人民政府，应当根据流域综合规划、防洪工程实际状况和国家规定的防洪标准，制定防御洪水方案（包括对特大洪水的处置措施）。

长江、黄河、淮河、海河的防御洪水方案，由国家防汛总指挥部制定，报国务院批准后施行；跨省、自治区、直辖市的其他江河的防御洪水方案，有关省、自治区、直辖市人民政府制定后，经有管辖权的流域机构审查同意，由省、自治区、直辖市人民政府报国务院或其授权的机构批准后施行。

有防汛抗洪任务的城市人民政府，应当根据流域综合规划和江河的防御洪水方案，制定本城市的防御洪水方案，报上级人民政府或其授权的机构批准后施行。

防御洪水方案经批准后，有关地方人民政府必须执行。

第四十三条第一项　有下列行为之一者，视情节和危害后果，由其所在单位或者上级主管机关给予行政处分；应当给予治安管理处罚的，依照《中华人民共和国治安管理处罚法》的规定处罚；构成犯罪的，依法追究刑事责任：

（一）拒不执行经批准的防御洪水方案、洪水调度方案，或者拒不执行有管辖权的防汛指挥机构的防汛调度方案或者防汛抢险指令的。

（二）《山东省黄河防汛条例》（2003年发布，2024年修正）

第十二条　省人民政府应当根据国家颁布的黄河防洪规划、黄河防御洪水方案和国家规定的防洪标准，结合防洪工程实际状况，制定全省的黄河防汛预案。

沿黄河的市、县（市、区）人民政府应当根据全省的黄河防汛预案，结合本地实际，于每年汛期以前制定本地区的防汛预案。

东平湖防汛预案由东平湖防汛指挥机构于每年汛期以前组织制定，征求济南市、泰安市、济宁市人民政府以及省应急管理、水行政等部门的意见后，报省防汛指挥机构印发。

第十三条　黄河防汛预案应当包括防汛基本情况、防汛任务、组织指挥与责任分工、队伍组织建设和保障措施等内容。

（三）《河南省黄河防汛条例》（2016年发布，2024年修正）

第十一条　省人民政府应当根据国家公布的黄河流域防洪规划、黄河防御洪水方案和国家规定的防洪标准，结合防洪工程实际状况，于每年汛期前制定当年全省黄河防汛预案。

沿黄河省辖市、县（市、区）人民政府应当根据全省黄河防汛预案，结合本地实际情况，于每年汛期前制定当年本地的防汛预案。

黄河防汛预案一经下达，有关防汛指挥机构以及相关部门和单位必须执行。

第十二条　黄河防汛预案应当包括防汛任务、职责分工、指挥调度、队伍组织、防守措施、物资储备和运输、通信电力和后勤保障、滩区和滞洪区群众转移安置救护等内容。

第四节　汛期、紧急防汛期规定

一、《防洪法》第四十一条

省、自治区、直辖市人民政府防汛指挥机构根据当地的洪水规律，规定汛期起止日期。

当江河、湖泊的水情接近保证水位或者安全流量，水库水位接近设计洪水位，或者防洪工程设施发生重大险情时，有关县级以上人民政府防汛指挥机构可以宣布进入紧急防汛期。

二、释义

《防洪法》第四十一条是关于汛期、紧急防汛期的规定。

汛期和紧急防汛期确定的依据。汛期，包括紧急防汛期是防汛抗洪工作的主要期间。我国每年防汛抗洪工作的准备及行动部署活动主要依据规定的汛期到来而进行，汛期的结束而终止。确定汛期，能够有效集中安排和统一指导防汛工作，有利于提高防汛抗洪工作的效率，规范防汛抗洪行动，并避免因防汛抗洪工作不统一造成的不应有的失误。确定汛期的起止日期，实际上是依据当地的洪水规律而定。由于地理和气候条件等因素的影响，降水、融雪、冰凌及台风等自然活动有一定的时间性和规律，因此我国大部分地区进入汛期受季节的影响十分明显。例如，我国的雨季随季风的进退和西太平洋副热带高压的移动而形成，在每年的四月至六月，南岭和珠江流域即进入暴雨期，六月中旬至八月中旬长江、淮河流域进入暴雨期，七月中旬至八月，华北、东北地区进入暴雨期。同时，台风活动亦有明显的季节性，我国东南沿海每年登陆的台风有四分之三以上集中出现在七月至九月。由此可见，上述自然活动产生的洪水受季节影响大，有明显的时间规律，这一自然规律就是每年汛期确定的主要依据。

关于紧急防汛期的宣布。紧急防汛期与汛期含义并不相同，紧急防汛期一般是指汛期内的某一时段，在防汛中出现某种险情而宣布的一种防汛工作的紧急时期。在实践中的表现情形主要包括江河、湖泊的水情接近或者超过警戒保证水位或者安全流量、水库水位接近设计洪水位、防洪工程设施发生重大险情等。在紧急防汛期，发生较大洪水灾害的可能性较大，并且情势急迫，防汛抗洪任务十分紧急，有必要在这种非常时期采取一些非常的防汛抗洪措施。为了便于充分调动各方面力量，加强防汛抗洪的领导和组织工作，在防汛抗洪工作中采取应急措施，规定紧急防汛期是十分必要的。宣布进入紧急防汛期，一方面要果断、准确、及时，否则贻误战机，后果不堪设想；另一方面，也要慎重，否则会影响社会的正常生产、生活活动，也会造成人力、物力的浪费。

规定或者宣布汛期、紧急防汛期的权限。《防洪法》赋予县级以上地方防汛指挥机构指挥本地区的防汛抗洪工作的职责，其职责之一就是负责规定或者宣布汛期、紧急防汛期。为了保证防汛抗洪工作的统一指挥和组织，适应洪水活动规律，在实践中，由省级人民政府防汛指挥机构规定汛期。紧急防汛期一般出现于某一地域，因此规定由县级以上人民政府防汛指挥机构宣布为宜。

三、相关法规

（一）《中华人民共和国防汛条例》（1991 年发布，2011 年修订）

第二十三条　省级人民政府防汛指挥部，可以根据当地的洪水规律，规定汛期起止日期。当江河、湖泊、水库的水情接近保证水位或者安全流量时，或者防洪工程设施发生重大险情，情况紧急时，县级以上地方人民政府可以宣布进入紧急防汛期，并报告上级人民政府防汛指挥部。

（二）《山东省黄河防汛条例》（2003 年发布，2024 年修正）

第二十四条　本省黄河汛期包括伏秋汛期和凌汛期。

伏秋汛期为每年的七月一日至十月三十一日，凌汛期为每年的十二月一日至次年的二月底。大汶河的汛期为每年的六月一日至九月三十日。特殊情况下，省防汛指挥机构可以宣布提前或者延长汛期时间。

第二十五条　出现下列情况之一的，有关县级以上防汛指挥机构可以宣布本辖区进入紧急防汛期：

（一）黄河水位接近保证水位；

（二）黄河防洪工程设施发生重大险情；

（三）启用蓄滞洪区；

（四）凌水漫滩，威胁堤防和滩区群众安全。

（三）《河南省黄河防汛条例》（2016 年发布，2024 年修正）

第二十五条　本省黄河汛期包括伏秋汛期和凌汛期。

伏秋汛期为每年的 7 月 1 日至 10 月 31 日。凌汛期为每年的 12 月 1 日至次年的 2 月底。特殊情况下，省防汛指挥机构可以宣布提前或者延长汛期时间。

第二十七条　出现下列情况之一的，沿黄河县级以上人民政府可以宣布本辖区进入紧急防汛期，并报上级人民政府防汛指挥机构：

（一）黄河水情接近保证水位或者安全流量；

（二）洪水、凌水严重漫滩或者河势发生重大变化，威胁堤防、滩区和库区群众安全；

（三）黄河防洪工程设施发生重大险情；

（四）启用滞洪区。

第五节　防汛指挥机构有关行政措施的授权

一、《防洪法》第四十二条

对河道、湖泊范围内阻碍行洪的障碍物，按照谁设障、谁清除的原则，由防汛指挥机构责令限期清除；逾期不清除的，由防汛指挥机构组织强行清除，所需费用由设障者承担。

在紧急防汛期，国家防汛指挥机构或者其授权的流域、省、自治区、直辖市防汛指挥机构有权对壅水、阻水严重的桥梁、引道、码头和其他跨河工程设施作出紧急处置。

二、释义

《防洪法》第四十二条是关于防汛指挥机构有关行政措施的授权的规定。

赋予防汛指挥机构行使有关行政措施权力的必要性。目前，一些单位、个人不顾防洪安全，在河道、湖泊范围内人为设障的情况严重，并屡禁不止，对防洪工作构成严重危害。同时，对可能阻碍行洪的桥梁等建筑物，在必要时需要由权威部门及时作出拆除等紧急处置措施，如果在这种问题上授权不明，造成扯皮，后果不堪设想。防汛指挥机构是领导和指挥全国、地区防汛抗洪工作的机构，为保证其所发布命令的执行，保证防汛抗洪工作的顺利进行，应当由法律赋予防汛指挥机构必要的行使行政措施的权力。

本条授予防汛指挥机构行使以下两方面的权力：一是对河道、湖泊范围内阻碍行洪的障碍物，由防汛指挥机构责令限期清除。对逾期不清除的，由防汛指挥机构组织强行清除。二是在紧急防汛期，国家防汛指挥机构或者其授权的流域、省、自治区、直辖市防汛指挥机构有权对壅水、阻水严重的桥梁、引道、码头和其他跨河工程设施作出紧急处置。

实行“谁设障、谁清除”的原则，对逾期不清除阻水建筑物的，由防汛指挥机构组织强行清除，所需费用由设障者承担。这一规定，既明确了清除阻水建筑物的责任，也授权防汛指挥机构在清除阻水建筑物方面实施行政代执行。

三、相关法规

（一）《山东省黄河防汛条例》（2003 年发布，2024 年修正）

第十六条　沿黄河的各级人民政府应当采取措施，确保河道畅通。对滩区、蓄滞洪区内的行洪障碍，按照谁设障、谁清除的原则，依法限期清除。

禁止围湖造地、围垦河道。

黄河备用入海流路内不得建设阻水建筑物、构筑物。

第三十五条　在紧急防汛期，防汛指挥机构根据防汛抢险需要，有权在其管辖范围内调用物资、设备、交通运输工具和人力，决定采取砍伐林木、清除阻水障碍物等紧急措施；公安、交通运输等有关部门应当保证执行公务的防汛车辆优先通行，制止无关人员和非防汛车辆在防汛抢险地段通行，必要时按照防汛指挥机构的决定，依法实施陆地和水面交通管制。

依照前款规定调用的物资、设备、交通运输工具等，在汛期结束后应当及时归还；造成损坏或者无法归还的，按照国家有关规定给予补偿或者作其他处理。砍伐林木的，应当在灾情结束后依法向林业主管部门补办手续。

第四十条第五项　违反本条例规定，有下列行为之一的单位和个人，由有关人民政府或者主管部门责令改正；对单位的直接负责的主管人员和其他责任人员依法给予处分；构成违反治安管理行为的，由公安机关依法予以处罚；构成犯罪的，依法追究刑事责任：

（五）阻拦防汛指挥机构在紧急防汛期采取的紧急处置措施的。

（二）《河南省黄河防汛条例》（2016 年发布，2024 年修正）

第二十条　沿黄河各级人民政府应当在汛期前组织河道安全检查，确保河道行洪畅通。在黄河河道管理范围内禁止建设妨碍行洪的建筑物、构筑物，禁止围垦河道，禁止倾倒垃圾等废弃物，保障防洪、行洪安全。对黄河河道管理范围内的行洪障碍物，按照谁设障、谁清除的原则，由防汛指挥机构责令限期清除；逾期不清除的，由防汛指挥机构组织强行清除，所需费用由设障者承担。

第三十条　在紧急防汛期，省防汛指挥机构根据国家防汛指挥机构的授权可以对壅水、阻水严重的桥梁、道路、码头和其他工程设施采取紧急处置措施，任何单位和个人不得阻拦。

四、典型案例——H 省 Z 市 Z 县黄河河道内新植阻水片林案

（一）案情简介

2016 年 4 月 1 日下午，Z 县河务局水政监察人员在河道巡查期间，发现黄河大堤

紧邻河道水域有一处新增阻水片林，经过初步调查了解，当事人刘某某涉嫌违法在行洪河道内种植阻碍行洪的林木。

2016 年 4 月 8 日，Z 县河务局向 Z 县防汛抗旱指挥部黄河防汛办公室报告了关于 Z 县黄河河道内新植阻水片林的情况，并逐级将相关情况上报黄河流域防汛抗旱总指挥部办公室。

2016 年 4 月 11 日，Z 县河务局对刘某某涉嫌违法种植阻碍行洪林木案进行立案查处。

2016 年 4 月 14 日，Z 县河务局水政监察大队与 Z 县防汛抗旱指挥部黄河防汛办公室人员一同对种植阻碍行洪林木现场进行勘验，发现种植阻碍行洪片林占地面积约 600 亩。经 Z 县防汛抗旱指挥部黄河防汛办公室认定，该处片林位于黄河主河槽。

2016 年 4 月 18 日，Z 县防汛抗旱指挥部黄河防汛办公室向当事人下达了《关于清除 Z 县 Y 镇黄河河道内阻水片林的紧急通知》，并于 2016 年 4 月 19—20 日，组织相关部门及人员对该处阻水片林实施强行清除，共清除 8 000 棵，约 80 亩。之后，Z 县河务局多次与违法当事人联系，责令其尽快自行清除剩余阻水片林，截至 2016 年 5 月 12 日，阻水片林仍未全部清除，Z 县河务局及时把情况向 Z 县防汛指挥部进行了汇报。

2016 年 5 月 13 日，Z 县防汛抗旱指挥部于下达《关于清除 Z 县 Y 镇黄河河道内阻水片林的紧急通知》，要求有关单位立即组织人员强行清除阻水片林。

2016 年 6 月 21 日，黄河流域防汛抗旱总指挥部办公室印发《关于清除 Z 县黄河河道内新植阻水片林的通知》，要求 H 省防汛抗旱指挥部依据《防洪法》有关规定，组织力量清除阻水片林，并于 2016 年 7 月 20 日将清除结果报送黄河流域防汛抗旱总指挥部办公室。

2016 年 6 月 22 日，H 省防汛抗旱指挥部办公室印发《关于立即组织清除 Z 县黄河河道内新植阻水片林的通知》，2016 年 6 月 23 日，Z 市防汛抗旱指挥部印发《关于立即组织清除 Z 县黄河河道内新植阻水片林的通知》。

为贯彻落实各级防汛抗旱指挥部关于清除 Z 县黄河河道内新增阻水片林的有关工作要求，在当事人不自行清除阻水片林的情况下，2016 年 7 月 13 日，Z 县防汛抗旱指挥部组织林业局、公安局、镇政府、河务局等相关防汛指挥部成员单位强制清除 Z 县 Y 镇黄河主河道内新植阻水片林。经统计，共清除片林 520 亩、树木 44 466 棵，按计划提前完成了清除任务。

（二）法律分析

《防洪法》第四十二条规定：“对河道、湖泊范围内阻碍行洪的障碍物，按照谁设障、谁清除的原则，由防汛指挥机构责令限期清除；逾期不清除的，由防汛指挥机构组织强行清除，所需费用由设障者承担。”结合本案具体情况，Z 县河务局将案件的情况上报至防汛指挥机构，防汛指挥指挥机构组织有关单位强行清除阻水片林。

（三）典型意义

近年来，黄河河道内违章种植片林现象时有发生，宽度从几十米到几百米不等，从河中向两岸放眼望去，片林宛如两堵密实的绿墙将黄河围在其中，严重缩窄了行洪断面，造成河道萎缩，阻碍了河水行进速度，洪水下泄迟缓，给防汛抢险造成了极大的困难和危险。此次防汛指挥机构组织有关成员单位联合清除阻水片林行动维护了河道水事秩序，确保了河道行洪安全。

第六节　在防汛抗洪期间有关部门和单位、中国人民解放军、中国人民武装警察部队以及民兵的职责和任务

一、《防洪法》第四十三条

在汛期，气象、水文、海洋等有关部门应当按照各自的职责，及时向有关防汛指挥机构提供天气、水文等实时信息和风暴潮预报；电信部门应当优先提供防汛抗洪通信的服务；运输、电力、物资材料供应等有关部门应当优先为防汛抗洪服务。

中国人民解放军、中国人民武装警察部队和民兵应当执行国家赋予的抗洪抢险任务。

二、释义

《防洪法》第四十三条是关于在防汛抗洪期间有关部门和单位、中国人民解放军、中国人民武装警察部队以及民兵的职责和任务的规定。

本条第一款是关于在汛期有关部门及单位的职责和任务的规定。在汛期，密切监测气象的发展和变化，及时掌握天气、水文等实时信息和风暴潮信息，尽最大的努力争取更早、更准确地预知洪水和风暴潮的发生和发展过程，以便防汛指挥机构和有关单位及早在人力、物力等方面做好防汛抗洪工作。及时准确地收集、掌握、分析雨情、水情和风暴潮信息，对防汛抗洪至关重要，否则汛情不明很难作出正确的决策。气象部门密切监视天气的变化，及时发布预报。我国水文系统和气象系统有雨量站遍布全国各地，能够及时测报雨量信息。通过天气和降雨的实况和预报，作出江河、湖泊洪水和风暴潮预报，并对洪水和风暴潮进行实时监测，提供给防汛指挥机构。防汛指挥机构根据汛情及时作出部署，组织防汛队伍抗洪抢险。各有关部门则应当在电力、通信、物资、运输等方面提供保障，充分发挥各单位、各部门各自的职能，团结协作，共同完成防汛抗洪任务。

国家防汛抗旱总指挥部印发文件对国家防汛抗旱总指挥部所有成员单位的职责分工。每年汛期在国务院的统一领导下，电力、通信、物资、运输等单位密切配合共商

防汛抗洪大计，并及时提供各种条件，团结抗洪。在1998年长江、嫩江、松花江流域发生的特大历史性洪涝灾害中，各级气象、水文部门加强天气和水情的监测，比较及时准确地提供了天气、汛情预报，为各级领导决策和指挥提供了依据，为抢险救灾和人员安全转移争取了时间。

（2）本条第二款是关于中国人民解放军、中国人民武装警察部队和民兵执行国家赋予的抗洪抢险任务的规定。当防洪工程发生重大险情或群众生命和国家财产受到严重威胁，地方防汛队伍力量不够时，需要及时调动中国人民解放军和中国人民武装警察部队执行国家赋予的抗洪抢险任务，确保安全。《中华人民共和国国防法》（简称《国防法》）第二十条规定："中华人民共和国的武装力量属于人民。它的任务是巩固国防，抵抗侵略，保卫祖国，保卫人民的和平劳动，参加国家建设事业，全心全意为人民服务。"《国防法》第二十二条规定："中华人民共和国的武装力量，由中国人民解放军、中国人民武装警察部队、民兵组成。"《国防法》中对我国武装力量的性质和任务作了明确规定，根据其性质和任务，它无疑是抗洪抢险的主要力量。历次抗洪抢险的实践已充分表明，人民解放军和武装警察部队在抗洪抢险中，行动迅速、有效，在人员抢救和财产保卫方面，起着重要的不可缺少的作用，他们用生命和血汗谱写了一曲又一曲英雄的凯歌，和灾区人民建立了浓厚的鱼水般情谊。这是我国社会主义的特色之一，这充分表现了我国武装力量属于人民的特有的本质属性。所以《防洪法》中规定，中国人民解放军和中国人民武装警察部队和民兵应当执行国家赋予的抗洪抢险任务，这包括在抗洪抢险的各个环节中。

三、相关法规

（一）《山东省黄河防汛条例》（2003年发布，2024年修正）

第二十六条　在汛期，气象主管机构应当及时向防汛指挥机构及其黄河防汛办公室提供长期、中期、短期天气预报，实时雨量和有关天气公报；黄河水文测报单位应当按照黄河防汛预案的要求报送水情、凌情；水文机构应当及时提供汶河流域水情、雨情信息及洪水预报；电力部门应当优先为黄河防汛提供电力供应，并制定非常情况下的电力保障方案。

（二）《河南省黄河防汛条例》（2016年发布，2024年修正）

第二十六条　在汛期，气象部门应当及时向防汛指挥机构及其黄河防汛办事机构提供长期、中期、短期天气预报和实时雨量信息。

水文部门应当及时、准确向黄河防汛办事机构提供黄河水情、雨情信息以及洪水预报。

黄河水文测报单位应当按照黄河防汛预案要求报送水情、凌情。

第七节　汛期水工程设施运用

一、《防洪法》第四十四条

在汛期，水库、闸坝和其他水工程设施的运用，必须服从有关的防汛指挥机构的调度指挥和监督。

在汛期，水库不得擅自在汛期限制水位以上蓄水，其汛期限制水位以上的防洪库容的运用，必须服从防汛指挥机构的调度指挥和监督。

在凌汛期，有防凌汛任务的江河的上游水库的下泄水量必须征得有关的防汛指挥机构的同意，并接受其监督。

二、释义

《防洪法》第四十四条是关于汛期水工程设施运用的规定。

本条共分为三款。第一款是关于在汛期，水库、闸坝和其他水工程设施的运用，必须服从有关的防汛指挥机构的调度指挥和监督的规定。依照《防洪法》第三十九条规定，防汛指挥机构是领导、组织全国的防汛抗洪工作的专门机构，在防汛抗洪期间，一切防洪工程设施，包括水库、闸坝、水电站、蓄滞洪区等水工程设施的运用必须服从有关防汛指挥机构的调度指挥和监督，统筹考虑、相互配合，按照防御洪水方案和抗洪的实际要求，拦蓄、排放和滞蓄洪水，在确保工程设施本身安全的前提下，最大限度地发挥防洪减灾效益。防洪工程的调度运用必须上下游、左右岸统筹兼顾，各类防洪工程有机配合，绝不能各自为政，甚至以邻为壑。近几年，在江河发生大洪水的抗洪中，无论是防洪水库，还是发电水库，大都是按照有关防汛指挥机构的统一指挥和监督，削减洪峰，控制下泄，发挥了很好的拦蓄洪水的效果。

本条第二款强调了水库在汛期应当服从防汛指挥机构的调度指挥和监督。水库是水利建设中最主要、最常见的工程措施之一，它主要用于拦蓄洪水、调节径流、调整坡降、集中落差，拦截地下水，以满足防洪、发电、灌溉、航运、供水、养殖、环境保护、旅游等需要。在汛期，水库的防洪调度在防洪调度中的地位举足轻重，利用水库调蓄洪水，削减洪峰，是减轻或避免洪水灾害的重要措施。防洪库容是防洪高水位至防洪限制水位之间的水库容积，用以控制洪水，满足水库下游防护对象的防洪要求。如预留的库容过小，水库拦蓄洪水的作用小，为保大坝安全，就会被迫加大下泄水量，不但不能减轻甚至还会加重下游的防洪负担；如预留的库容过大，防洪问题解决了，但蓄水兴利就没有了保障，防汛抗洪与抗旱供水，除害与兴利就不能两全。所以水库防洪调度，必须根据设计洪水、水库本身的保坝标准、水库下游的防洪标准和灌溉、发电、供水等因素，经过综合分析和研究后，确定汛期限制水位。汛期限制水位也就是防洪限制水位，是指水库在汛期允许兴利蓄水的上限水位，也是水库在汛期防洪运用时的起调水位。汛期限制水位的确定，关系到防洪和兴利的结合问题，具体确定时，要兼顾两方面的需要，如汛期内不同时段的洪水量有明显差别时，可参考分期采取不同的防洪标准限制水位。进入汛期，为了确保水库大坝及其下游地区的防洪安全，在不需要动用水库的防洪库容拦蓄洪水时，不得为了灌溉、供水和发电等，擅自占用防洪库容蓄水，而必须服从防汛指挥机构的调度。

（3）本条第三款是关于在凌汛期，有防凌汛任务的江河的上游水库的下泄水量必须征得有关的防汛指挥机构的同意，并接受其监督的规定。冰凌是寒冷地区江河存在的一种自然现象，它直接影响冬季的防洪、航运、桥梁、发电、给水排水等工程建设和管理运用，尤其是冰塞、冰坝等严重冰情，会导致凌洪泛滥成灾，给人民生命和财产安全带来严重损失。我国大约有17个省、自治区、直辖市近四分之三国土上的河流，冬季会出现不同程度的冰情。凌汛期是从结冰、淌凌开始日，到解冻、冰凌消失日的时间。黄河干流上游宁蒙河段和下游山东河段以及松花江哈尔滨以下的河段，在每年开河期间经常形成冰塞、冰坝，急剧抬高水位，造成决口，虽然影响范围不大，但破坏力很强。冰凌洪灾危害虽然很严重，但可以在一定时段内通过上游的水库进行控制，使水库下泄水量适应封冻河段的过流能力，避免卡冰壅水造成凌汛灾害。

三、相关法规

（一）《中华人民共和国防汛条例》（1991年发布，2011年修订）

第十四条　水库、水电站、拦河闸坝等工程的管理部门，应当根据工程规划设计、经批准的防御洪水方案和洪水调度方案以及工程实际状况，在兴利服从防洪，保证安全的前提下，制定汛期调度运用计划，经上级主管部门审查批准后，报有管辖权的人民政府防汛指挥部备案，并接受其监督。

经国家防汛总指挥部认定的对防汛抗洪关系重大的水电站，其防洪库容的汛期调度运用计划经上级主管部门审查同意后，须经有管辖权的人民政府防汛指挥部批准。

汛期调度运用计划经批准后，由水库、水电站、拦河闸坝等工程的管理部门负责执行。

有防凌任务的江河，其上游水库在凌汛期间的下泄水量，必须征得有管辖权的人民政府防汛指挥部的同意，并接受其监督。

（二）《水库大坝安全管理条例》（1991年发布，2018年修订）

第二十一条　大坝的运行，必须在保证安全的前提下，发挥综合效益。大坝管理单位应当根据批准的计划和大坝主管部门的指令进行水库的调度运用。

在汛期，综合利用的水库，其调度运用必须服从防汛指挥机构的统一指挥；以发电为主的水库，其汛限水位以上的防洪库容及其洪水调度运用，必须服从防汛指挥机构的统一指挥。

任何单位和个人不得非法干预水库的调度运用。

第八节　紧急防汛期中，防汛指挥机构有权采取紧急应急措施

一、《防洪法》第四十五条

在紧急防汛期，防汛指挥机构根据防汛抗洪的需要，有权在其管辖范围内调用物资、设备、交通运输工具和人力，决定采取取土占地、砍伐林木、清除阻水障碍物和其他必要的紧急措施；必要时，公安、交通等有关部门按照防汛指挥机构的决定，依法实施陆地和水面交通管制。

依照前款规定调用的物资、设备、交通运输工具等，在汛期结束后应当及时归还；造成损坏或者无法归还的，按照国务院有关规定给予适当补偿或者作其他处理。取土占地、砍伐林木的，在汛期结束后依法向有关部门补办手续；有关地方人民政府对取土后的土地组织复垦，对砍伐的林木组织补种。

二、释义

《防洪法》第四十五条是关于紧急防汛期内，防汛指挥机构有权采取紧急应急措施的规定。

本条分为二款。第一款是关于在紧急防汛期，防汛指挥机构有权在其管辖范围内采取紧急措施的规定。在紧急防汛期，一旦洪水来临就如同猛兽一样，势不可挡，时刻都有发生重大灾害的可能。为了维护人民的生命、财产安全和国家的经济建设，有关防汛指挥机构要采取一切紧急措施，调动各方面的人力、物力，尽一切努力使损失减少到最低限度。必要时，公安、交通等有关部门按照防汛指挥机构的决定，依法实施陆地水面交通管制。

防汛抗洪工作所具有的紧急性和抢险性，决定其必须由有权威的指挥机构进行指挥。国家防汛指挥部负责全国的防汛指挥工作；地方各级人民政府防汛指挥部负责指挥本地区的防汛指挥工作，这是做好防汛工作的组织保证。各级防汛指挥机构是由政府首长任指挥，各有关部门和军队的负责人参加，以保证军民协同，各部门协同，统一行动。在紧急防汛期，防汛指挥机构有权调动抗洪抢险所需要的人力、物力，才能适应抢险的紧急需要。调用物资、设备、交通运输工具和人力，取土占地、砍伐林木、清除阻水障碍物，实施交通管制等等措施，都是为了防汛抗洪的需要，目的是舍小财

保大财，不能光为了眼前的一点小利而造成更大的损失。为了抗洪抢险的需要而采取的这些紧急措施，其根本目的是减少洪水所可能造成的更大的损失，从而保证国家财产和公民人身、财产安全。

本条对采取紧急防汛措施规定了较为具体、严格的法定条件、主体和内容。采取紧急防汛措施的法定条件也是前提条件，即在紧急防汛期才能实施上述紧急措施。实施的主体是防汛指挥机构，实施交通管制的主体是公安、交通等有关部门，而其他任何部门、单位和个人都无权实施。为了保护公民的权利不因国家机关滥用权力而被侵犯，因此本条对紧急措施的实施条件、实施主体和实施的权限作出了较为严格的规定。这样的规定既有利于保护公民的权利，又能够保证防汛指挥机构在紧急防汛期，及时采取相应的紧急措施，有效地组织抗洪抢险工作和维护社会秩序，从而减少洪水灾害给人民生命和财产造成的损失。依照本条规定，在紧急防汛期，防汛指挥机构有权采取以下紧急措施：一是调用物资、设备、交通运输工具和人力；二是决定取土占地、砍伐林木、清除阻水障碍物；三是采取其他必要的紧急措施，如停止正常的生产活动，实行停工、停业、停课，动员全社会力量参与防汛抗洪工作等；四是必要时，公安、交通等有关部门按照防汛指挥机构的决定，依法实施陆地水面交通管制。实施交通管制，保证交通的畅通无阻，可保障抢险救灾人员、物资能够及时到位，及时抢救人民生命、财产，防止次生灾害的进一步扩大。

本条第二款是关于汛期结束后单位和个人有权获得相应补偿的规定。因防汛抢险的需要，调用物资、设备、交通运输工具和人力是不可避免的。《防洪法》第六条规定："任何单位和个人都有保护防洪工程设施和依法参加防汛抗洪的义务。"义务就是依法应尽的责任，因防汛抢险的需要，调用物资、设备、交通运输工具和人力，单位和个人应当无条件服从。在汛期结束后应当及时归还；造成损坏或者无法归还的，按照国务院有关规定给予适当补偿或作其他处理。取土占地、砍伐林木的，在汛期结束后依法向有关部门补办手续；有关地方人民政府对取土后的土地组织复垦，对砍伐的林木组织补种。

三、相关法规

（一）《中华人民共和国防汛条例》（1991年发布，2011年修订）

第三十二条　在紧急防汛期，为了防汛抢险需要，防汛指挥部有权在其管辖范围内，调用物资、设备、交通运输工具和人力，事后应当及时归还或者给予适当补偿。因抢险需要取土占地、砍伐林木、清除阻水障碍物的，任何单位和个人不得阻拦。

前款所指取土占地、砍伐林木的，事后应当依法向有关部门补办手续。

（二）《山东省黄河防汛条例》（2003年发布，2024年修正）

第三十五条　在紧急防汛期，防汛指挥机构根据防汛抢险需要，有权在其管辖范围内调用物资、设备、交通运输工具和人力，决定采取砍伐林木、清除阻水障碍物等紧急措施；公安、交通运输等有关部门应当保证执行公务的防汛车辆优先通行，制止无关人员和非防汛车辆在防汛抢险地段通行，必要时按照防汛指挥机构的决定，依法实施陆地和水面交通管制。

依照前款规定调用的物资、设备、交通运输工具等，在汛期结束后应当及时归还；造成损坏或者无法归还的，按照国家有关规定给予补偿或者作其他处理。砍伐林木的，应当在灾情结束后依法向林业主管部门补办手续。

（三）《河南省黄河防汛条例》（2016 年发布，2024 年修正）

第二十九条　在紧急防汛期，防汛指挥机构根据防汛抢险需要，有权在其管辖范围内调用物资、设备、交通运输工具和人力，采取砍伐林木、取土占地、清除阻水障碍物等紧急措施；公安、交通运输等有关部门应当保证防汛车辆优先通行，制止无关人员和非防汛车辆在防汛抢险地段通行，必要时按照防汛指挥机构的决定，依法实施陆地和水面交通管制。

第九节　启用蓄滞洪区的权限

一、《防洪法》第四十六条

江河、湖泊水位或者流量达到国家规定的分洪标准，需要启用蓄滞洪区时，国务院，国家防汛指挥机构，流域防汛指挥机构，省、自治区、直辖市人民政府，省、自治区、直辖市防汛指挥机构，按照依法经批准的防御洪水方案中规定的启用条件和批准程序，决定启用蓄滞洪区。依法启用蓄滞洪区，任何单位和个人不得阻拦、拖延；遇到阻拦、拖延时，由有关县级以上地方人民政府强制实施。

二、释义

《防洪法》第四十六条是关于启用蓄滞洪区的权限规定。

《防洪法》第二十九条第三款对什么是蓄滞洪区作出了规定，即包括分洪口在内的河堤背水面以外临时贮存洪水的低洼地区及湖泊等。蓄滞洪区是江河、湖泊防洪工程体系的组成部分，也是有计划地处理超标准洪水的重要措施。蓄滞洪区一般位于沿江河两岸堤外的低洼地带，大多数在历史上就是洪水淹没和调蓄的场所。平时或在发生堤防防御标准以内洪水的情况下，区内群众正常地生产生活；当发生超过堤防防御标准的洪水时，为确保重要地区、重要城市、重要交通铁路干线的安全，需要根据防御洪水方案启用蓄滞洪区滞纳超额洪水。蓄滞洪区的运用，是防御洪水所采取的非常措施，是在不得已情况下牺牲局部利益，保全整体利益，减轻洪水灾害的有效措施。

鉴于蓄滞洪区的启用关系重大，该启用时不及时启用，重要防洪保护对象就要被洪水吞没，不该启用时启用则会造成不必要的损失。因此，本条规定有关分洪标准、启用条件以及批准程序，都必须按照依法批准的防御洪水方案的规定执行。其中国家规定的分洪标准，就是各条江河防御洪水方案中确定的分洪运用标准。关于蓄滞洪区启用条件，是根据各流域、各河段、各地区的防护对象的防洪要求，各种不同类型洪水的组成，现有工程能力以及蓄滞洪区安全建设条件等进行分析论证确定的。关于启用蓄滞洪区的批准程序，根据江河和蓄滞洪区的重要程度、影响范围等，蓄滞洪区的启用分别由国务院、国家防汛指挥机构、流域防汛指挥机构、省一级人民政府和省级防汛指挥机构决定，蓄滞洪区所在的县以上人民政府强制实施。

蓄滞洪区的运用，要把确保区内群众生命安全放在首位，确保运用时无人员伤亡，财产少损失。为此，要制订群众安全转移和就地避洪方案，村对村，户对户，落实到每一个人，做到家喻户晓，人人皆知。一旦运用，当地政府要按照事先制订的方案，快速组织区内群众做好就地避洪或转移工作，保证区内群众的生命安全，尽可能减少财产损失。经批准启用蓄滞洪区后，任何单位和个人不得阻拦、拖延。

三、相关法规

（一）《中华人民共和国防汛条例》（1991年发布，2011年修订）

第三十三条 当河道水位或者流量达到规定的分洪、滞洪标准时，有管辖权的人民政府防汛指挥部有权根据经批准的分洪、滞洪方案，采取分洪、滞洪措施。采取上述措施对毗邻地区有危害的，须经有管辖权的上级防汛指挥机构批准，并事先通知有关地区。

在非常情况下，为保护国家确定的重点地区和大局安全，必须作出局部牺牲时，在报经有管辖权的上级人民政府防汛指挥部批准后，当地人民政府防汛指挥部可以采取非常紧急措施。

实施上述措施时，任何单位和个人不得阻拦，如遇到阻拦和拖延时，有管辖权的人民政府有权组织强制实施。

（二）《山东省黄河防汛条例》（2003年发布，2024年修正）

第三十二条 黄河防汛确需启用蓄滞洪区时，应当按照规定的程序和批准权限决定。有关人民政府、防汛指挥机构应当按照各自的职责，做好蓄滞洪区运用的准备工作。

依法启用蓄滞洪区，任何单位和个人不得阻拦、拖延；遇到阻拦、拖延时，由有关县级以上人民政府强制实施。

第四十条第四项 违反本条例规定，有下列行为之一的单位和个人，由有关人民政府或者主管部门责令改正；对单位的直接负责的主管人员和其他责任人员依法给予处分；构成违反治安管理行为的，由公安机关依法予以处罚；构成犯罪的，依法追究刑事责任：

（四）阻拦、拖延蓄滞洪区依法启用的。

（三）《河南省黄河防汛条例》（2016年发布，2024年修正）

第三十八条　黄河流量达到国家规定的分洪标准，确需启用滞洪区时，有关人民政府、防汛指挥机构应当按照规定的程序和批准权限报批，并按照各自职责，做好滞洪区运用的准备工作。

依法启用滞洪区，任何单位和个人不得阻拦、拖延；遇到阻拦、拖延时，由有关县级以上人民政府组织强制实施。

第六章　人民政府在救灾工作中的职责、水毁防洪工程的修复以及洪水保险的规定

一、《防洪法》第四十七条

发生洪涝灾害后，有关人民政府应当组织有关部门、单位做好灾区的生活供给、卫生防疫、救灾物资供应、治安管理、学校复课、恢复生产和重建家园等救灾工作以及所管辖地区的各项水毁工程设施修复工作。水毁防洪工程设施的修复，应当优先列入有关部门的年度建设计划。

国家鼓励、扶持开展洪水保险。

二、释义

《防洪法》第四十七条是关于有关人民政府在救灾工作中的职责、水毁防洪工程的修复以及洪水保险的规定。

本条分为两款，第一款是关于有关人民政府对救灾和水毁防洪工程设施修复工作的职责的规定。洪涝灾害发生后，有关人民政府应当及时组织有关部门、单位做好灾区的生活供给、卫生防疫、救灾物资供应、治安管理、学校复课、恢复生产和重建家园等救灾工作以及所管辖地区的各项水毁工程设施的修复工作，这些都是减少灾害损失的重要环节。灾后救灾工作，归纳起来包括以下几个方面：一是保证受灾群众有饭吃、有衣穿、有开水喝、有住所、有医疗，并做好灾区群众过冬安排。受灾以后容易出现疫病，要及时组织卫生防疫人员到灾区，做好卫生防疫工作，防止疫病的发生。灾后防疫防病的任务很重要，需要向灾区紧急调运药品，派出医疗队伍，动员群众搞好环境卫生，保护水源，加强饮水消毒，强化食品卫生监督，加强疫病监测，及时扑灭疫情，做好重大疾病的防治工作，绝不让疫情蔓延，确保大灾之后无大疫。二是及时组织做好灾害状况的调查和核实，针对受灾情况，制定灾后恢复和救济计划，安排相应的救灾物资和资金，做好救灾物资供应，防止次生灾害发生。三是加强社会治安管理，恢复稳定正常的社会秩序。对扰乱社会秩序，干扰灾后恢复和救济的不法分子给予严厉的打击。四是恢复生产、重建家园。灾后人民政府要集中财力、物力和人力恢复工业、农业生产，恢复商业和市场，恢复学校教学，恢复毁坏的校舍。洪水灾害

具有多发性的特点，一个汛期同一个地区可能多次发生洪涝灾害，因此洪水过后，要积极做好防御再次发生洪水的准备，所以当务之急是要抓紧水毁防洪工程的修复工作，恢复和提高江河的防洪能力。

本条第二款是关于洪水保险的规定。洪水保险是洪水灾害预防的重要措施之一，它的主要特征是调动全社会的力量来减轻洪水灾害给人民生命和财产所造成的损失。这一款规定的目的，一是鼓励单位和个人积极参加洪水保险，二是促进有中国特色的洪水保险制度的逐步建立和完善。洪水保险是洪水灾害经济损失补偿方式之一，是完成抗洪抢险、恢复生产、重建家园工作的重要组成部分。俗话说，居安思危。许多人存有侥幸心理，总觉得，没那么巧，倒霉的事不会落到自己头上，其实不然。“天有不测风云，人有旦夕祸福”，要有防灾减灾的意识。保险是平时集小钱而在灾时用大钱，将分散的钱变为巨量的钱，将面上的钱集中在一点上，将一个地方的大难变社会共担的小难，将不确定的风险集中起来又分散到全省乃至全国，体现了一人有难大家帮，一方有难八方支援的社会共济思想。

三、相关法规

（一）《中华人民共和国防汛条例》（1991 年发布，2011 年修订）

第三十六条　在发生洪水灾害的地区，物资、商业、供销、农业、公路、铁路、航运、民航等部门应当做好抢险救灾物资的供应和运输；民政、卫生、教育等部门应当做好灾区群众的生活供给、医疗防疫、学校复课以及恢复生产等救灾工作；水利、电力、邮电、公路等部门应当做好所管辖的水毁工程的修复工作。

第三十七条　地方各级人民政府防汛指挥部，应当按照国家统计部门批准的洪涝灾害统计报表的要求，核实和统计所管辖范围的洪涝灾情，报上级主管部门和同级统计部门，有关单位和个人不得虚报、瞒报、伪造、篡改。

第三十八条　洪水灾害发生后，各级人民政府防汛指挥部应当积极组织和帮助灾区群众恢复和发展生产。修复水毁工程所需费用，应当优先列入有关主管部门年度建设计划。

（二）《山东省黄河防汛条例》（2003 年发布，2024 年修正）

第三十九条　灾害发生后，灾区各级人民政府应当组织有关部门和单位，做好受灾群众的生活供给、卫生防疫、救灾物资供应、治安管理、学校复课、恢复生产、重建家园等救灾工作，对受灾群众的生产、生活给予必要的扶持。

灾区的群众自治组织和有关基层单位，应当组织受灾群众开展自救互救、恢复生产等工作。

（三）《河南省黄河防汛条例》（2016 年发布，2024 年修正）

第四十一条　灾害发生后，灾区各级人民政府应当组织有关部门和单位，做好受灾群众的生活保障、医疗防疫、救灾物资供应、治安管理、恢复生产、重建家园等救灾工作，对受灾群众的生产、生活给予必要的扶持。

第四十二条　在发生洪水灾害的地区，黄河河务、水利、电力、通信、交通运输等部门，应当做好所管辖水毁工程的修复工作，所需费用应当优先列入有关主管部门年度建设计划。